eビジネス新書

No.358

週刊東洋経済

事業承継M&A

週刊東洋経済 eビジネス新書 No.358

事業承継 M&A

本書は、東洋経済新報社刊『週刊東洋経済』2020年9月12日号より抜粋、加筆修正のうえ制作しています。情報は底本編集当時のものです。このため、その後の経済や社会への影響は反映されていません。

(標準読了時間:90分)

事業承継 M&A 目次

事業承継はタイミング

待ったなしの後継者問題

東京都内で小さな印刷会社を営む70代の男性は2020年7月、「新型コロナで気がめいるから暑気払いでもしよう」と社長仲間に誘われ、飲み会に参加した。

「暗い話は御法度ね」という当初の約束はどこへやら。話題はすぐさま新型コロナウイルスの影響に及び、業績悪化の話はもちろんのこと、あとどれくらい資金が持ちそうかなど、口をついて出てくるのは深刻な話ばかりだった。

そんな中、参加者の一人がぼそっとつぶやいた。

「取引先から聞いたんだが、あいつの会社、倒産して自己破産したらしいぞ」

その会社はここ数年、業績が芳しくなく、新型コロナでついにとどめを刺されたというのだ。

「めぼしい財産は全部持っていかれて、当面の生活費という名目で99万円しか残してもらえなかったらしい。離婚して一家離散だって。倒産は怖いわ」

そんな話を聞きながら、男性は自身の会社に思いを巡らせていた。ここ数年は技術の進歩についていけず、会社を維持していくので精いっぱいだったからだ。

従業員たちのことを考えると、会社は潰したくない。しかし一人娘は嫁いでしまい、会社を継がせようにも後継者がいない。どうしようかと悩んでいるところで新型コロナに襲われてしまい、男性は「みんなを守りたいが、いったいどうすればいいんだ」と暗澹（あんたん）たる気持ちになった。

約半数が後継者未定 ―2025年の中小企業経営者の年齢と後継者の有無―

（出所）中小企業庁資料（2016年度調査）

黒字での休廃業・解散が6割超

―休廃業・解散した企業の純損益（直前期）別割合―

（出所）東京商工リサーチ

4割超が事業承継を「考えていない」

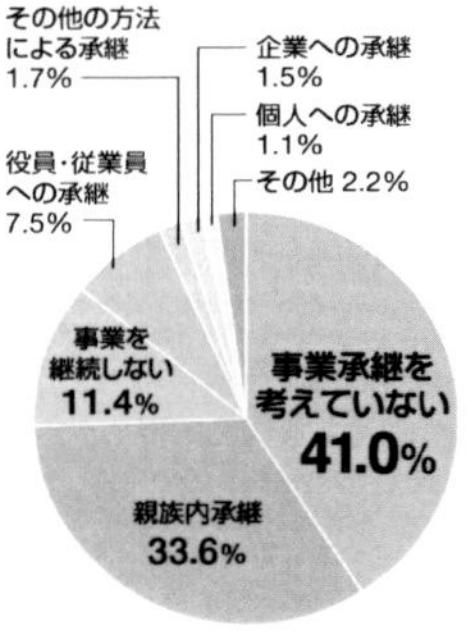

（注）中小企業における事業承継の意向の割合
（出所）中小企業庁「中小企業実態基本調査」（2020年版）

コロナ禍で増加の懸念

―休廃業・解散・倒産件数の推移―

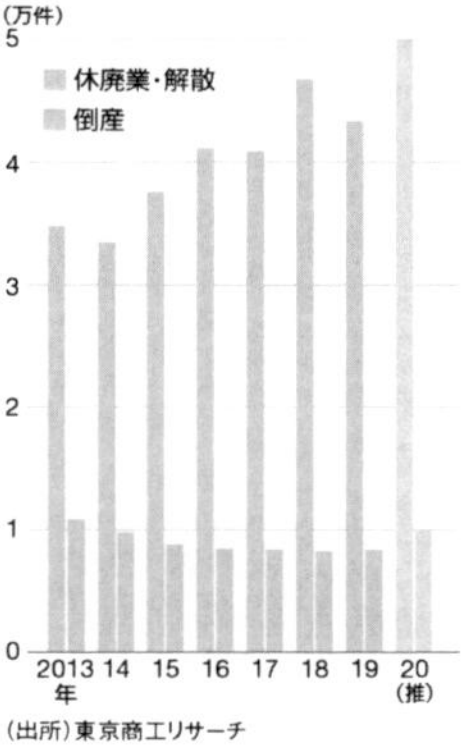

（出所）東京商工リサーチ

2025年問題が前倒し

中小企業経営者たちの多くが同じような悩みを抱えている。

先の図は、中小企業庁などの調査を基に、中小企業の2025年の課題についてまとめたものだ。それによれば、70歳未満の経営者が約136万人なのに対し、70歳以上の経営者は約245万人と2倍近く、高齢化が進んでいることがわかる。

そのうち、実に半数以上の127万人が「後継者は決まっていない」と答えている。その結果、61・4%の中小企業が、後継者に事業承継できずに、黒字であるにもかかわらず休廃業や解散に追い込まれているのだ。

それでなくとも、中小企業の休廃業・解散件数は増加している。5年間で1万件以上増加しており、〝黒字廃業予備軍〟が60万社は下らないとみられている。

実は、こうした問題は以前から指摘されていた。経済産業省と中小企業庁の試算によれば、事業承継問題を解決しなければ廃業が急増し、2025年ごろまでの10年間の累計で約650万人の雇用、約22兆円のGDPが失われる可能性もあるという。

中小企業の「2025年問題」と呼ばれるものだ。

それが、25年を待たずして到来してしまう可能性が高まっている。理由は言わずもがなだが、「新型コロナ」だ。東京商工リサーチの試算では、20年に休廃業・解散する中小企業は5万件、倒産は1万件に達する見込み。それに伴って、事業承継できずに退場させられる会社も急増するとみられているからだ。

休廃業ならまだましだ。倒産となれば悲惨な状況が待ち構えている。コロナ禍の中、そうならないようにするには、事業承継を急ぐ必要がある。

一口に事業承継といっても、大きく分けて6つのパターンがある。

最大のポイントは、後継者の有無だ。まず後継者がいて、それが親族ならば「相続」で株式を譲渡する。親族ではないが社内に後継者がいる場合は「MBO（役員による買収）」か、社員を昇格させ経営を引き継がせる「内部昇格」のいずれかで承継させる。

一方、後継者がいない場合は、第三者に承継させるか、できなければ最後は廃業だ。第三者承継には、外部から人材を招いて経営を引き継がせる「外部招聘」と、「M&A

（第三者への株式譲渡）」で会社を売却する手法がある。

Ｍ＆Ａといえば大企業が対象とのイメージが強い。だが、後継者に乏しい中小企業の事業承継においてはＭ＆Ａが主流となりつつある。

事業承継の主なパターン

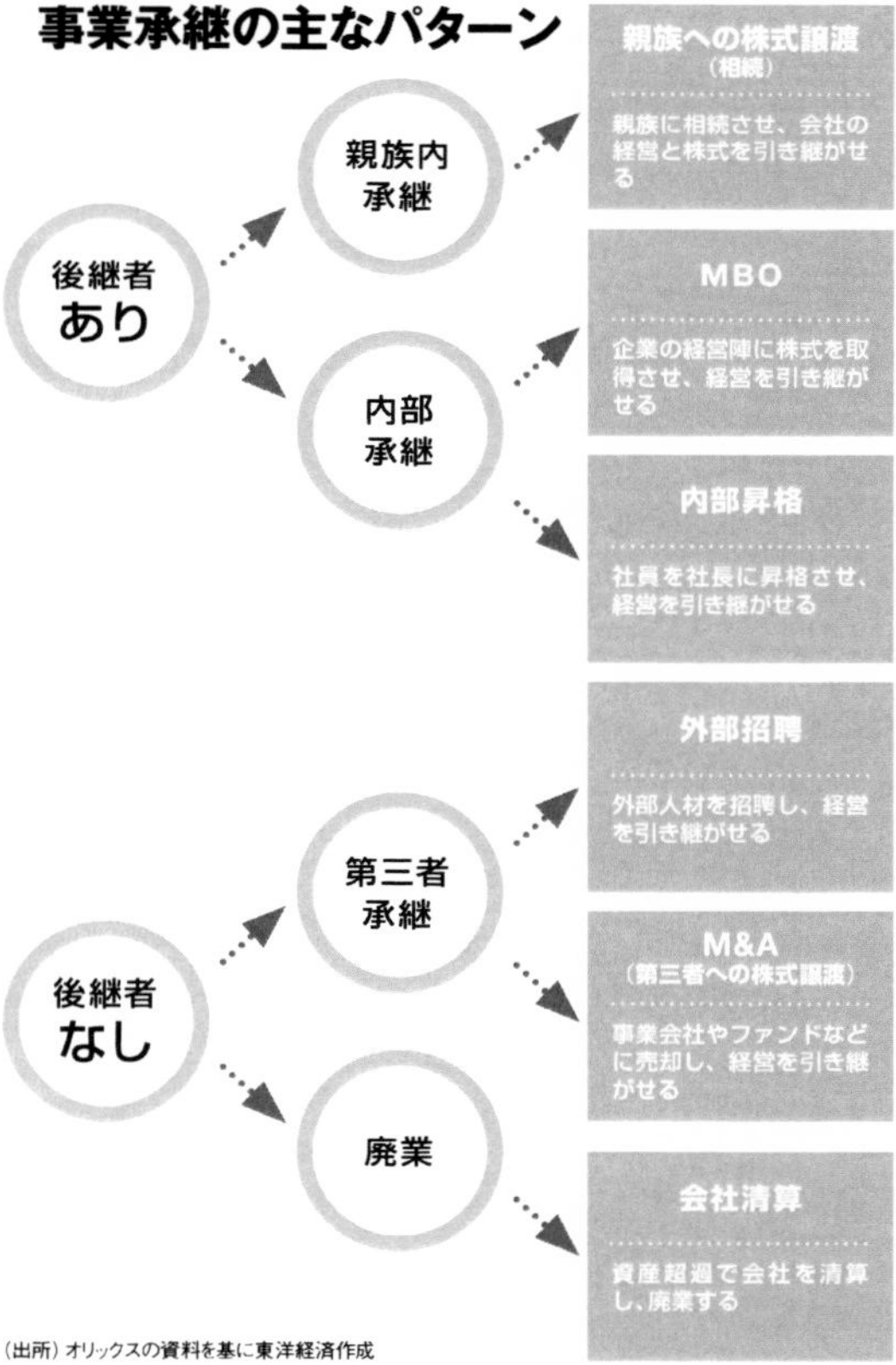
後継者
あり
親族内
承継
内部
承継
親族への株式譲渡
（相続）
親族に相続させ、会社の経営と株式を引き継がせる
MBO
企業の経営陣に株式を取得させ、経営を引き継がせる
内部昇格
社員を社長に昇格させ、経営を引き継がせる
後継者
なし
第三者
承継
廃業
外部招聘
外部人材を招聘し、経営を引き継がせる
M&A
（第三者への株式譲渡）
事業会社やファンドなどに売却し、経営を引き継がせる
会社清算
資産超過で会社を清算し、廃業する

（出所）オリックスの資料を基に東洋経済作成

タイミングが分かれ目

ただ、タイミングを見誤ったり、上手に売却できなかったりすれば、わが子のような会社を売却しても、売却価格は大きく下がってしまう。

好調時にM&Aで事業承継した場合と、しなかったために売り上げが減少、その後に承継した場合の売却価格を、実例を基にシミュレーションした。この会社は、関東地方で中古車販売やレンタカー事業などを展開していた売上高4億円、当期純利益2000万円の中小企業が実際に事業承継をしたケースだ。

売却価格の算出方法は後に詳しく述べるが、「EBITDAマルチプル法」と「年買法」で比較した結果、2000万円ほど高かった年買法を使って3億1000万円で売却できたという。

(注：次の試算表での計算法) EBITDAマルチプル法はマルチプルを10とし、「EBITDA（営業利益 ＋ 減価償却費）」×「マルチプル」－「ネット負債」で計算。年買法は「時価純資産（純資産 ＋ 土地の含み益）」＋「営業利益の3年分」で計算。▲はマイナス。

好調時に事業承継していれば…

（百万円）

流動資産	**280**
現預金	50
売上債権	120
有価証券	30
棚卸資産	40
前払費用	20
未収収益	20
固定資産	**520**
建物	100
その他固定資産	120
土地（含み50）	300
資産計	**800**

（百万円）

流動負債	**300**
買掛金	120
未払費用	40
短期借入金	130
未払税金	10
固定負債	**330**
長期借入金	300
リース債務	30
負債計	**630**
資本金	50
資本剰余金	60
利益剰余金	60
純資産計	**170**
負債・資本計	**800**

（百万円）

売上高	**400**	
売上原価	200	内減価償却費10
売上総利益	**200**	
販管費	170	内減価償却費30
営業利益	**30**	
営業外損益	▲5	
経常利益	**25**	
特別損益	6	
税引前当期利益	**31**	
税金（法・住・事）	11	
当期利益	**20**	

EBITDAマルチプル法
2億9000万円

年買法
3億1000万円

売上高が1/4減少してから事業承継すると…

（百万円）

流動資産	**260**
現預金	40
売上債権	110
有価証券	30
棚卸資産	40
前払費用	20
未収収益	20
固定資産	**480**
建物	70
その他固定資産	110
土地（含み▲30）	300
資産計	**740**

（百万円）

流動負債	**320**
買掛金	110
未払費用	30
前受金	20
短期借入金	160
未払税金	−
固定負債	**300**
長期借入金	270
リース債務	30
負債計	**620**
資本金	50
資本剰余金	60
利益剰余金	10
純資産計	**120**
負債・資本計	**740**

（百万円）

売上高	**300**	
売上原価	180	内減価償却費10
売上総利益	**120**	
販管費	150	内減価償却費30
営業利益	**▲30**	
営業外損益	▲20	
経常利益	**▲50**	
特別損益	0	
税引前当期利益	**▲50**	
税金（法・住・事）	0	
当期利益	**▲50**	

EBITDAマルチプル法
算定不能

年買法
9000万円

新型コロナ禍で
売上高が半減してから
事業承継すると…

（百万円）

流動資産	**170**
現預金	30
売上債権	80
有価証券	–
棚卸資産	40
前払費用	20
未収収益	–
固定資産	**450**
建物	70
その他固定資産	80
土地（含み▲30）	300
資産計	**620**

（百万円）

流動負債	**260**
買掛金	80
未払費用	30
前受金	20
短期借入金	130
未払税金	–
固定負債	**320**
長期借入金	270
リース債務	50
負債計	**580**
資本金	50
資本剰余金	0
利益剰余金	▲10
純資産計	**40**
負債・資本計	**620**

（百万円）

売上高	**200**	
売上原価	150	内減価償却費10
売上総利益	**50**	
販管費	140	内減価償却費30
営業利益	**▲90**	
営業外損益	▲40	
経常利益	**▲130**	
特別損益	0	
税引前当期利益	**▲130**	
税金（法・住・事）	0	
当期利益	**▲130**	

EBITDA
マルチプル法
算定不能

年買法
1000
万円

先の試算表から、業績が悪化した後に承継したらどうなるかは明らかだ。

売上高が4分の1減少すると赤字に転落。資金繰りに窮するようになり、新たに借り入れざるをえなくなる。そうした状況では減価償却費の吸収さえ難しくなってしまい、EBITDAマルチプル法では売却価格は算定不能、年買法だと9000万円になった。

売上高が半減してしまうと、現預金が大幅に減少、追加の借り入れも困難になる。不動産などの資産を切り売りして債務超過ギリギリの状態に。結果、やはりEBITDAマルチプル法では算定不能、年買法でもわずか1000万円となってしまった。つまり、事業承継のタイミングによって売却価格には実に3億円もの差が出てしまうのだ。

だが、中小企業経営者の4割超がいまだ「事業承継を考えていない」と回答しているのが現実だ。

新型コロナで、すでに売上高が減少している企業も少なくないが、収束する気配のない中、さらに厳しい状況へと追い込まれていくのは間違いない。

「財務状況がひどく毀損する前なら、まだ高く売却できる。しかし、残された時間はあまりない。一刻も早く、事業承継を決断し実行すべきだ」と訴える金融関係者は少なくない。

コロナ禍の今、事業承継は待ったなしだといえそうだ。

タイプ別に見るお得な会社の引き継ぎ方

事業承継はすべてのオーナー経営者にとって避けられない問題だ。自分がこれまで育ててきた会社の価値をいかに残すか。資産をいかに引き継ぐか。そして、一緒に頑張ってきた従業員たちをいかに守るか。こうした課題のすべてが事業承継の巧拙に関わってくると言っても過言ではない。

まだ引退を考えていない経営者でも、いつかはその問題に直面する時が来る。であれば、早い段階から計画を立て、ベストなタイミングで最良の選択をすることが重要だ。

とはいえ、これまでまったく考えてこなかったという経営者も少なくないだろう。そこで事業承継のタイプ別に、お得に会社を引き継ぐノウハウやマル秘テクニックを徹底解説していく。知識を身に付け、上手に事業承継を行ってほしい。

【親族内承継】上手に節税して継がせる

「承継のラストチャンスがやってきた」。親族内承継を進めている60代の中小企業社長は、新型コロナウイルスの影響で落ちていく売り上げを見ながら、そうつぶやいた。

この社長が事業承継を始めたのは、10年くらい前のこと。リーマンショック以降に業績が悪化、株価が低くなって贈与税を抑えることができると考えたからだ。ただ、当時は自身も子どもも若く、引き継いだのは株式の一部のみだった。その後、業績が回復し払いきれないくらい贈与税が膨らんでしまったため、いったんストップせざるをえなくなった。

そこにコロナがやってきた。会社にとっては苦しい状況でも、事業承継にとっては追い風だ。承継する資産の評価額を下げることができるためだ。こんなタイミングが次にいつ来るかわからない。引退の年齢も考慮すれば、残った株式を動かすラストチャンスというわけだ。

親族内で〝お得〟に事業承継をするために、まず検討すべきは株式を相続したり贈与したりする際の税金をいかに少なくするかだ。

実は、事業承継を進めたい国もその点について理解しており、とっておきの手を用意してくれている。2018年度の税制改正で導入された「事業承継税制の特例措置」だ。

相続・贈与税がゼロに

事業承継税制とは、一定の要件を満たした中小企業の後継者が、株式を相続や贈与で引き継いだ際に、本来支払うべき多額の相続税や贈与税の納税が猶予される制度。引き継いだ後継者が亡くなったり、その次の世代に贈与されれば、猶予されていた税金は免除される。

この税制が導入されたのは2009年のこと。だが、対象とされていた株式は全体の3分の2まで。猶予割合も相続では80%が上限とされていた。また、5年間は8割の雇用を維持しなければならないといった要件もあり、結果的に、わずか1965件しか利用されなかった。そのため国は特例措置を導入、格段に使いやすくしたのだ。

■ **全株式の贈与税・相続税がゼロに** —事業承継税制特例の主な内容—

	特例	従来
事前の計画策定	5年以内の特例承継計画の提出 2023年3月31日まで	不要
適用期限	10年以内の贈与、相続 2027年12月31日まで	なし
対象株式数	全株式	最大3分の2まで
納税猶予割合	100%	贈与100%、相続80%
後継者	最大3人	1人
雇用確保	弾力化(5年後に平均8割を満たせず、かつ、経営が悪化している場合などについて 認定支援機関の指導助言あり)	5年間、 8割の雇用を維持

最大の特徴は「税金が猶予や免除される対象が全株式、割合は100％」となった点。簡単に言えば、相続税・贈与税がすべてゼロになるということだ。

後継者も最大3人まで指名できるようになった。これによって長男だけでなく、兄弟姉妹にも株式を譲渡することが可能になった。また、経営者以外が株式を保有している場合でも、後継者に集約することができるようになり、ネックとなっていた雇用確保の条件も緩和。雇用を維持できない理由を報告すれば猶予されるようになった。

事業承継を進めるためには何だってするといわんばかりの大盤振る舞い。こんな特例措置を使わない手はない。

ただ注意しなければならないのは、この措置が10年間限定で、2027年末までの相続や贈与にしか適用されないということ。しかも、適用には「特例承継計画」を提出する必要があり、その提出期限は2023年3月末までとなっている。つまり、残された時間は限られており、早めに準備を進めたい。

計画といっても、作成自体はそれほど難しくない。中小企業庁のホームページで確認できる。具体的な数字で必要なものは、資本金と従業員数、承継時期のみ。ほかに承継前に抱えている課題や、承継後5年間の経営計画を記入しなければならないが、後から変更することも可能だ。まずは後継者と一緒に計画を作成し、提出しておくとよいだろう。

株価を下げて税を抑える

事業承継税制を使わない場合には、税金を払って株式を贈与することになる。年間110万円以内であれば贈与税はかからないが、事業承継ともなればその範囲に収めることは難しい。課税対象となる財産が3000万円超であれば、税率は55％。半分以上、納税することになる。

贈与税を減らすためには、課税対象となる「株式の評価」を引き下げるしかない。そのためにはまず、非上場企業の株価がどのように決まるのかを押さえよう。

非上場企業の株価を決める方法は2種類あり、多くの場合はその2つを組み合わせて評価する。1つが業績によるもの、もう1つが純資産によるものだ。

業績によるものは、「類似業種比準価額」と呼ばれる。マーケットで株価がついている類似業種の上場企業と比較して、どれだけ利益を上げているかを計算するのだ。類似業種の実績をベースに配当、利益、バランスシート上の純資産の大きさを比較して算出する。

■ 利益や資産の圧縮がカギ
—類似業種比準価額の計算式—

［計算式］

$$\text{1株当たり類似業種比準価額} = \text{類似業種の株価} \times \frac{\dfrac{\text{1株当たり配当金}}{\text{1株当たり類似業種配当金}} + \dfrac{\text{1株当たり利益}}{\text{1株当たり類似業種利益}} + \dfrac{\text{1株当たり簿価純資産価額}}{\text{1株当たり類似業種簿価純資産価額}}}{3} \times \text{斟酌率《しんしゃく》} \times \frac{\text{1株当たり資本金}}{\text{50円}}$$

お得に承継するには…
- 利益の少ない年に承継する
- 不動産を売却する
- 退職金を支払う　　など

(注)斟酌率は大会社の場合0.7、中会社は0.6、小会社は0.5となる

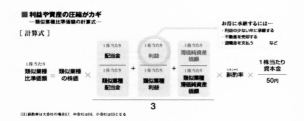

純資産によるものは「純資産価額」と呼ばれる。会社を解散したときに、いくら手元に残るかを示すイメージだ。こちらの純資産は時価で計算される。不動産の含み益などがある場合は、バランスシート上の見た目より評価が大きくなることも少なくない。時価の総資産から時価の負債を引いた含み益に当たる部分から、法人税に相当する額（３７％）を控除して算出される。

それぞれの計算方法で算出される評価を引き下げることができれば、株価は下がっていく。つまり利益を下げるか、もしくは純資産を減らすかがカギになる。

となれば、利益の少ないときを狙うのがベスト。

さらに株価を引き下げたい場合には、あえて損を出すというテクニックもある。よく用いられるのは、役員に対する退職金の支払いだ。金額が大きいため、利益を大きく下げることができるからだ。

ただし、退職金として認められるには条件があるから注意が必要だ。退職後も経営上、重要な地位にある場合には否認されることもある。今すぐに退職できる役員がいたり、後継者をすぐに社長に据えることができたりするならばトライしてみる価値はある。

値下がりしている不動産などを所有していれば、売却して損失を計上するのも有効だ。株やゴルフ会員権なども同様に、含み損の処理ができる。新型コロナで先行きが不透明なため、あまりお勧めはできないが、中には航空機や船舶をオペレーティングリースに出して、初年度の重い減価償却費で利益を押し下げるといったことまでする会社もある。

一方、純資産を減らすには、借り入れをして賃貸用不動産を購入する方法が一般的だ。賃貸用不動産は「貸家」や「貸家建付地」になるため評価が下がり、取得時との差額で純資産価額を引き下げることができるためだ。

こうした方法を検討したうえで、もう1つポイントとなるのが「会社の規模」。一般的に、規模が大きいほど株価が安くなるからだ。

そのからくりはこうだ。前述したとおり、株価を決定する際には2つの計算方法を組み合わせる。その比率は会社の規模によって決まり、大きな企業ほど類似業種比準価額の割合が大きくなる。類似業種比準価額と純資産価額は、前者のほうが低くなるケースが多いため、規模が大きいほど有利になるのだ。

会社の規模の決め方は、年間の取引金額による方法と、総資産と従業員数を組み合わせる方法があり、より大きい区分になるほうが適用される。会社の業種によって、ボーダーラインの数字は異なる。

■ **規模の大小がカギになる** —中小企業の会社規模判定方法—

年間取引金額			総資産			従業員数
卸売業	小売・サービス業	その他	卸売業	小売・サービス業	その他	36〜69人 / 21〜35人 / 6〜20人 / 5人以下
30億円〜	20億円〜	15億円〜	20億円〜	15億円〜	15億円〜	大会社
7億〜30億円	5億〜20億円	4億〜15億円	4億〜20億円	5億〜15億円	5億〜15億円	中会社（大）
3.5億〜7億円	2.5億〜5億円	2億〜4億円	2億〜4億円	2.5億〜5億円	2.5億〜5億円	中会社（中）
2億〜3.5億円	6000万〜2.5億円	8000万〜2億円	7000万〜2億円	4000万〜2.5億円	5000万〜2.5億円	中会社（小）
〜2億円	〜6000万円	〜8000万円	〜7000万円	〜4000万円	〜5000万円	小会社

1つ上の会社区分にあと少しで届くという場合は、従業員が増えたり、借り入れで総資産が増えたりしたタイミングを狙って株を譲渡するという手もある。また、子会社や関連会社がある場合には、合併することで上の区分になる可能性もある。

会社区分が1つ上になるだけで、「贈与税が数億円下がる」(中小企業社長)こともあり、その影響は決して小さくない。株価が低くなるタイミングを逃さないためにも、毎年の決算後に必ず株価を算定しておくのが鉄則だ。

資金不足なら種類株

いざ承継させようとしても、後継者の資金が足りないというのもよくある話だ。解決策の1つが「種類株」を発行する方法。配当優先無議決権株式を発行し、従業員などに持たせれば、贈与する株式数を減らしつつ、経営権は譲渡することができる。

親族以外に株式を譲渡する場合には、前述した評価方法とは異なり格段に安く済むため、従業員が株式を取得する資金はそこまでかからない。取得条項付き株式として、退職した場合に会社が買い取るように定めておけば、株が見知らぬ人に分散することもない。そして、従業員にとっても配当が得られるため、業績向上へのモチベーションにつながるというメリットがある。

このとき、従業員ではなく後継者の兄弟などに渡すのも有効だ。子ども全員に資産を残すことで、〝争族〟を回避しつつ、議決権は後継者1人に集約できるからだ。後継者が引き継ぐ株式を配当の少ない劣後株にしておけば、その株価をさらに下げることもできる。

持ち株会社の設立も選択肢の1つだ。後継者が持ち株会社を設立し、承継する会社を子会社化する。こうすれば、承継した会社の贈与税はかからない。

そして、後継者が次の世代に承継するのは持ち株会社の株式になるため、承継した会社の業績が好調で株価が上昇したとしても、それはあくまで含み益扱い。一方、規模が小さな持ち株会社の株式の評価は純資産価額のことが多いため、その37％は控除される。つまり、直接的に株を承継していくよりも税負担を小さくできるわけだ。

ただ、この方法にはコストがかかる。持ち株会社を設立するなら、株式購入資金を用意しなければならず、銀行からの借り入れが必要だ。そのほかに新会社の設立コストや将来の事務負担なども発生、経営者には譲渡益に対する税負担が発生する。

親族内承継というと、株式を相続するだけと思いがちだが、今すぐにでも考えるべき課題は多い。事業承継に詳しい公認会計士の小木曽正人氏は「親族内承継は必ず生前に行わなければいけない」と強調する。遺言で自社株を渡すのはもってのほかだというのだ。

というのも、自分が死ぬタイミングの株価はコントロールできないため、割高な株価で相続しなければならなくなる可能性があるからだ。また、誰に渡すか決めたつもりでも、遺言は相続人の意見の相違で覆されるケースがある。

生前であれば、何か問題が起きても解決できる。実際によくあるのは、株式が分散しているパターン。それぞれの株式が次世代に引き継がれると、おのおのの判断で売却されてしまうため株式が分散して、集約することが難しくなってしまうのだ。

これでは決定権を持てないどころか、高い価格で株を買い取る必要まで出てくるし、それでも解決できなければ少数株主排除といった強硬手段を取らざるをえなくなってしまう。自身の影響力が残っているうちに、リスク要因は徹底的に排除しておこう。

■株主や会社の構成を見直す
—お得に承継する手法の例—

パターン1 種類株の活用

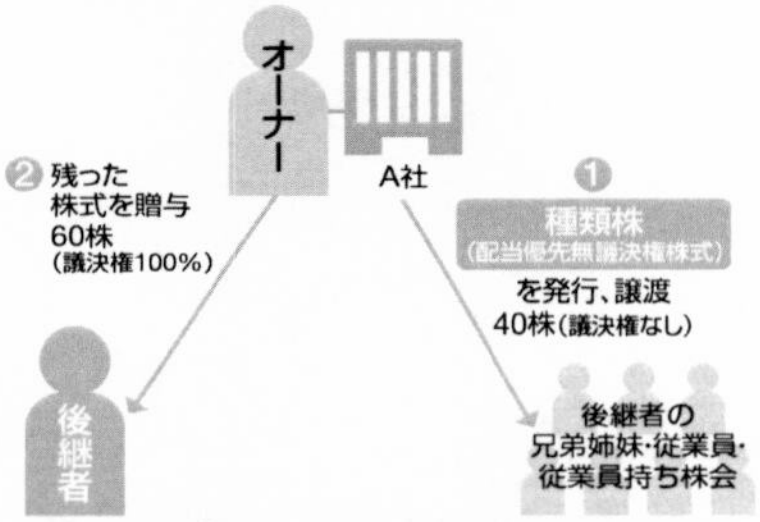

贈与する株式数を減らしつつ、経営権は譲渡できる

パターン2 持ち株会社の設立

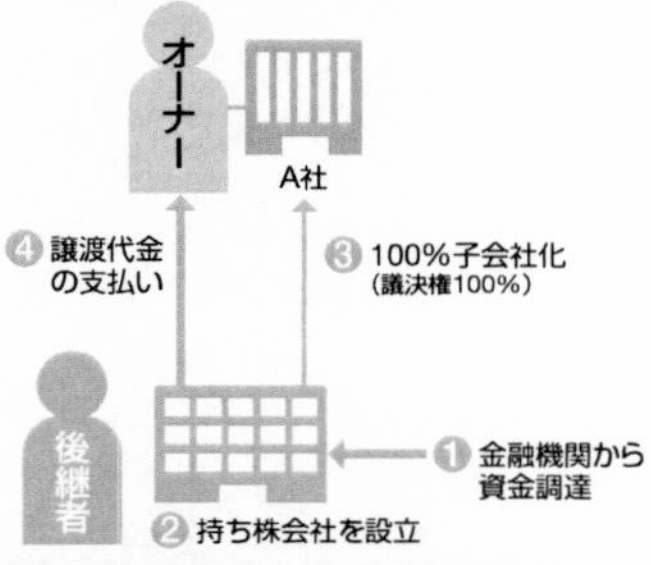

A社株の贈与税はかからない。A社の株価が上昇した場合、「含み益」の37%を控除可能

経営権のみ残す手段も

後継者がまだ若く社長にはなれなくても、事業承継に手をつけることはできる。経営権のみを残して、先に株だけを移動しておけばいいのだ。その方法の1つが「黄金株」の発行だ。

黄金株とは拒否権付きの株式のことで、たった1株でも事実上の決定権を握ることのできる種類株。経営者にこれを1株だけ残し、残りの株式を譲渡しておけばいい。

信託を活用する方法もある。後継者に受益権が移った時点で贈与が発生して贈与税がかかるが、株の名義や議決権は現経営者のまま。経営者が亡くなったときや、後継者の育成が終了したときを信託の終了事由として設定しておき、終了と同時に名義や議決権が後継者に移るというスキームだ。

もちろん、株さえ移せばそれでよしというわけではない。後継者の育成も済ませて初めて事業承継は完了する。経営と財産の双方を上手に引き継ぐ最善策を考えることが重要だ。

【親族内承継のポイント】

① 事業承継税制の特例措置を活用する
② 課税資産を減らすため資産価値、利益を減らす
③ 株主や会社の構成を最適な形に変える

（藤原宏成）

使い方を誤れば争族リスクも

承継税制を使ってはダメな人

メリットの大きい承継税制の特例措置だが、使うべきでない会社もある。

まず、後継者を十分育成できていない会社だ。承継税制を使うには、贈与の時点で現経営者は退任しなければいけないから、経営者なしで回らなければやめたほうがいい。

また、後継者は3年以上役員を務め、贈与後に代表権を持つことが要件。そのため、後継者がいきなり役員になったとき、ほかの役員や社員のモチベーション低下も懸念材料だ。

猶予された税金は、認定を取り消された時点で支払わなければならない。事情が変わって外部へ売却すれば、猶予額と利子税の支払い義務が生じる。認定維持のため経営の自由度が失われてしまうのだ。

〝争族〟リスクもはらむ。後継者に集中して承継した際、ほかの子どもの相続する資産が最低限受け取れる取り分（遺留分）を下回る可能性がある。怒ったほかの子どもたちが遺留分侵害額を請求すれば、後継者は自社株式を資金化する状況に追い込まれるが、納税猶予が打ち切られるためそれもできず、子ども同士がバトルを繰り広げるといった事態にもなりかねない。

もともと株価が低く承継も容易な企業の場合、節税効果に対してこうしたリスクは見合わない。使う前に専門家にアドバイスしてもらおう。

【注意点】

① 現経営者は退任が必要
② 後継者は経営者になる必要がある
③ 複数人への承継で代表者が複数人に
④ 後継者への集中による遺留分侵害
⑤ 適用対象株式の担保提供が必要
⑥ 認定取消時には利子税負担が発生

【第三者承継（M&A）】売却価格引き上げがカギ

「え！ 本当にそんな価格で売ってしまったの？ もっと高く売れたのに」

関東地方で中小企業を経営していた70代の男性は、久しぶりに連絡を取ったかつての経営者仲間にこんなふうに驚かれた。

この男性には後継者がおらず、話を持ちかけてきたM&A仲介会社に、会社売却による事業承継を依頼。3カ月間をかけて売却したばかりだった。

担当者は親身になって話を聞いてくれたし、難しくてよくわからなかったが、資料も作ってくれた。そして最終契約を結んだ際には「本当にいい会社だったから、こんなに高く売れたんです」と声をかけられ満足していた。

だから、仲間の言葉はにわかには信じられなかった。そんなはずはない――。そう思いたかったが後の祭り。すでに会社を売却した後だったからだ。

税務上の明確な算定基準がある親族内承継とは違い、M&Aによる事業承継の場合、売却価格は売り手と買い手の「交渉」によって決まる。したがって、相場や適正な価格というものは必ずしも存在せず、場合によっては安い価格で買いたたかれてしまうようなケースも少なくない。

だが、知識がなければその価格がはたして高いのか、それとも安いのかは判断がつかない。そこで、価格の決定をはじめ上手な売却の方法について解説、会社を高く売るコツを紹介しよう。

価格算定には3つの方式

M&Aが成立するまでの流れは、銀行や税理士事務所、M&A仲介業者といったアドバイザーに相談。その際、必ず秘密保持契約を結ぶ。企業の機密情報が漏れないようにするのはもちろんのこと、従業員や取引先に不信感を抱かせないためにも重要だ。

そのうえで具体的な売却先の選定や、条件の交渉に移り、デューデリジェンス（対象の企業に対する詳細な調査）などを経たうえで、最終契約に至る。

条件交渉の大部分を占めるのは売却価格の交渉だ。しかし、残念なことに売り手は圧倒的に不利になる。買い手はM＆Aを何度か経験している会社が多いのに対し、売り手は基本的に一生に一度のことだからだ。

■M&Aの流れ

秘密保持契約
売却先候補選定
企業価値評価
売却先候補との面談
売却先決定
売却価格・条件交渉
基本合意
デューデリジェンス
最終契約
対価の受け取り・引き継ぎ

さらに、中小企業のオーナーは財務や会計に関する知識に乏しい人が少なくなく、強気な交渉が難しい。しかも会社を承継させ、事業を継続させるために売りたいのだから、最終的には安くても妥協せざるをえなくなるといった事情もある。

本来は味方であるはずのアドバイザーも、価格が安いからといって交渉を止めたりはしないので注意が必要だ。というのも、アドバイザーには取引が成立した際に報酬が発生するため、取引を中止されては困るからだ。

となると、安い価格での売却を防ぐためには、価格決定に関する知識を身に付けておく必要がある。

では、価格の決め方について見ていこう。M&Aにおける売却価格は、複数の方式で算出した価格の中から、最適なものを選んでいくのが一般的だ。それでは代表的な3つの方式を紹介しよう。

1つ目は「DCF法（割引現在価値法）」だ。事業計画を作成し、将来その企業が生み出すキャッシュフローを現在の価値に置き換えて評価する方式で、大企業のM&A

では最も一般的な手法だ。

2つ目は「マルチプル法（類似会社比較法）」。類似する上場企業の財務数値を使って、企業の価値を算定する。具体的には、類似上場企業の時価総額をEBITDA（営業利益＋減価償却費）で割り、倍率（マルチプル）を算出。その倍率を対象企業のEBITDAと掛けることで、上場していた場合にどの程度の株価がつくかを簡易的に算出するというものだ。

マルチプル法は相対的な価値を見る計算方法だが、将来の価値を反映している点ではDCF法と同じだ。マルチプルを求めるときに使う上場企業の時価総額には、市場参加者が考える将来キャッシュフローが内包されているためだ。

それに対し、将来価値を考慮しないのが3つ目の「年買法」だ。M&A仲介業者などがよく用いる方式で、対象企業の純資産に3年分の営業利益を足して算出する。つまり、4年目以降はビジネスを行わない前提で、企業の価値を計算しているわけだ。

■違いは「将来価値」—売却価格算定法—

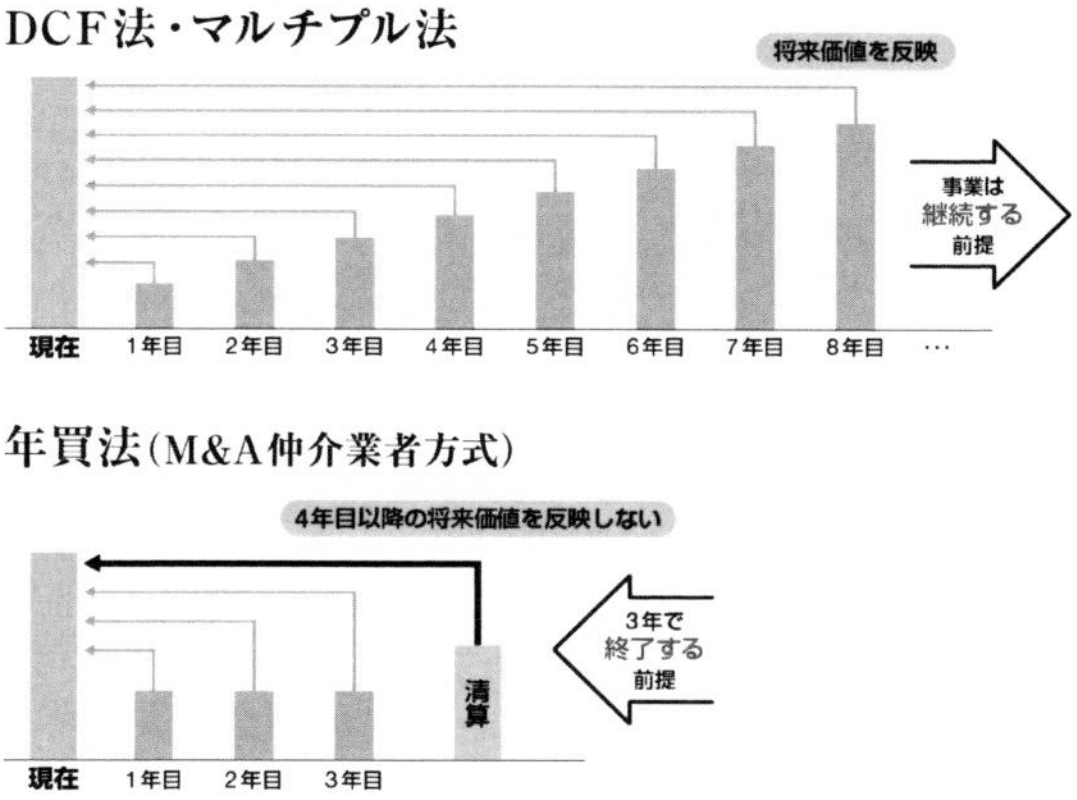

3つの方式のうち、どれが最も高い価格になるかは、各企業の財務状況や業種によって異なる。しかし実務上は、年買法が好まれることが多い。

売り手にしてみれば、自分が過去に積み上げてきた純資産は評価してほしい。さらに3年という期間の利益は想像しやすい。逆に買い手にとってみても、3年という短い期間で投資回収をイメージできるため採用しやすいわけだ。

だが、成長性のある会社であれば、将来の価値を評価したほうが価格は上がるはず。買い手次第では、買収後にシナジー効果が発生することだってある。そうした場合には、年買法で算出された金額以上の価値で評価してくれる買い手も出てくるはずだ。

だから、わかりやすい計算方法に飛びつくのではなく、それぞれの方式で価格を確認し売却価格を検討していくことが、高く売るための第一歩となる。

そのうえで、さらに価格を引き上げたければ、複数の売却先候補に価格を競わせるのも有効だ。通常は基本合意の前に入札を行い、売却先を1社に絞る。だが、魅力的な企業であれば基本合意を口頭合意として、2社にデューデリジェンスを実施させ、2次入札をすることも可能だ。

事業を譲渡し相続税対策

M&Aによる事業承継では、「高く売る」だけでなく、「上手に売る」ことも必要だ。公認会計士・税理士の岸田康雄氏は「株式譲渡よりも、事業譲渡をするほうが、将来の節税になる」と語る。事業譲渡とは、会社全体ではなく特定の事業のみを売却することだ。

例えば、無借金経営で純資産3億円の会社があり、売却価格も3億円と仮定する。うち1億円が本業に使われている資産、残りの2億円は不動産など本業とは関係ない資産だ。

株式譲渡を選択した場合、オーナーは会社を手放して、3億円の現金を手にする。3億円を使い切れれば問題ないが、使い切れなければ将来、親族に相続させなければならない。

一方、事業譲渡を選択し、1億円の事業用資産のみを売却したとしよう。会社自体と、非事業用資産2億円は手元に残り、1億円のキャッシュも入ってくる。この場合、将来親族に相続させるのは会社の非上場株式となる。

■事業のみを譲渡することで売り手も買い手も得をする

純資産3億円、事業用資産1億円、非事業用資産2億円の場合

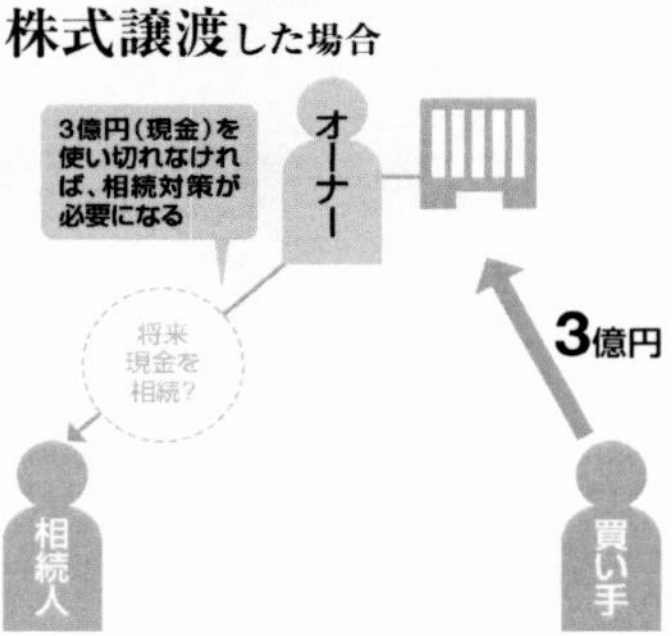

非上場株式の相続であれば、これまでに解説した方法で株価を算定して相続するため、相続税は現金よりも軽くすることができる。

さらに、法人が手元に残っていれば、「一定の条件を満たせば、事業承継税制の特例措置を活用することも可能」（岸田氏）で、贈与税や相続税が免除される。

売却直後の企業は資産保有型会社に該当し、納税猶予を受けることはできないが、3年以上事業を営む、親族外の従業員が5名以上、事務所または店舗を所有しているといった事業実態要件を満たすことで、適用が可能になる。例えば、不動産投資を行い、不動産賃貸業を始めれば、税負担をゼロにすることができるのだ。

買い手にとってもメリットは大きい。会社丸ごとではないため買収価格を抑えられるほか、デューデリジェンスの費用なども抑制できる。のれんの償却が可能で節税効果もある。

株式譲渡の場合、売り手にかかるのは所得税であるのに対し、事業譲渡の場合は法人税。単純な税率だけ見れば株式譲渡のほうが低くなる点には注意が必要だが、将来的な節税効果を考慮すれば事業譲渡のほうがお得な選択肢であることは間違いない。

早めの準備が成功のカギ

新型コロナウイルスが収束しない状況は、M&Aを検討する会社にとって向かい風だといえる。企業価値が下がり、売却額も下がってしまうからだ。

しかし、こうした環境を「逆に利用することもできる」と、株価評価を専門とする公認会計士の小木曽正人氏は次のように指摘する。「新型コロナに襲われている中でも、利益を上げることができれば、買い手は企業の力を高く評価するはずだ」。

中小企業のオーナーの中には、節税のために、過剰な経費を使う人も少なくない。確かに、事業を継続していくのであれば、それも効率的だろう。しかし、M&Aを考えるうえではマイナスでしかない。毎年の利益をできるだけ高く保つほうが、買い手からの評価は高まるからだ。

このように考えていくと、M&Aによる事業承継を選択し、高い価格で売却しようと考えるならば、中長期的な準備が必要だ。利益を着実に積み上げ、企業価値を高めなくてはならないからだ。

M&Aの実務では、「3年程度の実績をチェックする」(小木曽氏)という。高く売りたいのであれば、これから3年の間にどれだけ利益を積み上げていけるかが勝負といえそうだ。

【M&Aのポイント】
①売却価格をより高くする
②会社売却でなく事業譲渡を行う
③3年ほどかけて売却の準備をする

(藤原宏成)

【ＭＢＯ・外部招聘】買収資金の手当てが必要

親族以外に会社を任せたい人物がいた場合、用いられるのがＭＢＯ（役員による買収）だ。役員など経営陣が経営者から株式を買い取ることで承継をする。従業員が承継するケースもあるが、こちらはＥＢＯ（従業員による買収）と呼ばれる。外部から後継者を連れてくる場合も同じ方法で承継が可能だ。

共通するのは、社内の人間がＭ＆Ａを行う点。その際、必ずネックとなるのは資金不足だ。役員や従業員が経営者の保有する株をすべて買うほどの資金を持っているケースは少ないため、金融機関からの借り入れが必要になる。

■ 自己資金がない場合は特定目的会社を活用 ―MBOのスキーム―

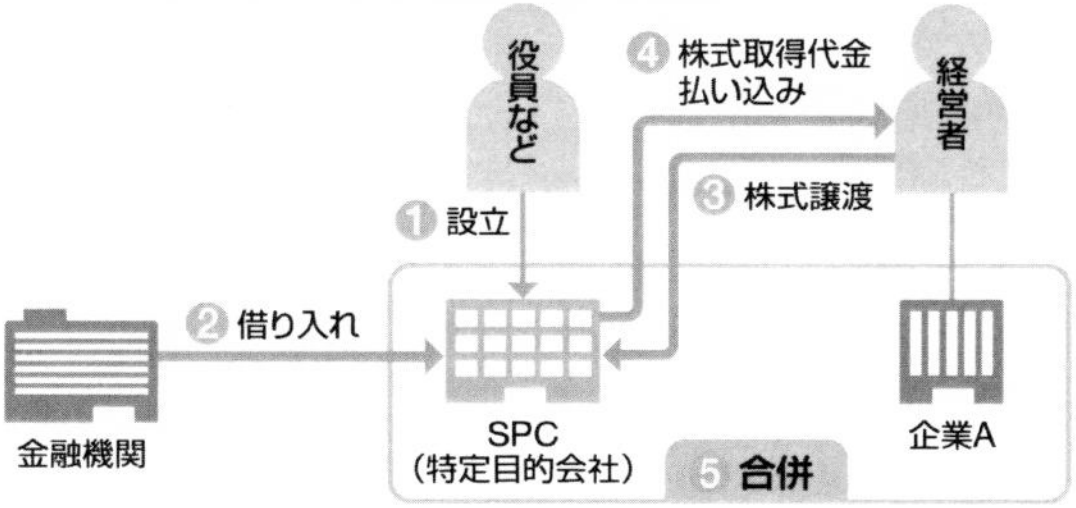

後継者は特定目的会社（ＳＰＣ）を設立し、金融機関から資金を調達。その会社を通じて経営者から株を購入し、承継対象となる会社を子会社化した後、合併する。借り入れの負担を減らすためには、承継する会社にも工夫が必要だ。Ｍ＆Ａにおける事業譲渡に近いが、会社分割などで不動産と事業を切り離し、引き継ぐ資産を減らすことで負担を軽減できる。オフィスなど事業に使う不動産の場合は、残った会社から賃借すればいい。

役員持ち株会や従業員持ち株会を使う方法もある。一部株式を保有してもらうことで、後継者が買い取る株数を減らすことができる。まさに合わせ技だ。こうした手法からもわかるように、ＭＢＯを実現するには株価を低く抑えるような施策も必要だ。

ただ、経営者の手元に残る資金は他の方法に比べて少なくなってしまう点には要注意。ＭＢＯで譲渡するときの価格は、Ｍ＆Ａ同様、交渉に基づいて決まる。何とか承継を進めるために、「払える金額でいいと妥協する経営者は多い」（公認会計士の岸田康雄氏）のが実態だからだ。

奥の手だが、ファンドを活用するというのもありだ。経営者の株を一時的にファンドに渡し、会社の経営のみを後継者に承継するのだ。この方法であれば、経営者は相応の金額で株を売却できる。

後継者はファンドが株を保有している間に資金を増やしたり、借り入れができるようにしたりして、ファンドが利益を確定するタイミングで改めてＭＢＯに挑戦するというスキーム。ファンドによっては、人材の派遣など経営支援をしてくれることもあるが、外部企業に売却されてしまうリスクもある。

引き継ぎはスムーズ

一見、ややこしい手法だが、ＭＢＯのメリットは大きい。このスキームでは、多くの選択肢の中から自分の信頼できる人を後継者に選べるからだ。

会社に長くいる役員や従業員を後継者に選べば、育成や事業の引き継ぎはスムーズ。Ｍ＆Ａで外部の企業に売却するよりは、培ってきた文化も受け継がれやすいし、従業員の雇用なども維持されやすいだろう。

だが裏を返せば、これまでの経営がだらだら続くリスクを抱えるということだ。環境の変化を意識していて、現在の経営に変化が必要だと感じているなら、外部からプロ経営者を連れてきて、新たな風を入れるのも手だ。承継に当たり自分の優先したいことに応じて、最適な後継者を選ぶのがポイントとなる。

（藤原宏成）

【廃業・倒産】お金を残す「会社のしまい方」

後継者が見つからず、M&Aでもいい売却先が見つからない――。そんな会社には、最終手段として「廃業（会社清算）」という選択肢が残されている。

「廃業」は「倒産」と混同されがちだが、似て非なるものだ。廃業は資産が超過した状態で自らの意思により会社を清算するのに対し、倒産は債務超過に陥り、やむをえず会社を清算することを指す。

廃業の場合は手元資金に余裕があるため、事前に計画を立てておけば最終的に多くの資金を手元に残すことができる。

たとえば、繁忙期まで営業を続け、利益を最大限取り込んでから営業を終了したり、不動産などの保有資産が最も高い価格で売れるタイミングを待ったりすることも可能だ。

取引先にも事前に時期を知らせておけば、あまり迷惑をかけずに済むし、従業員は解雇せざるをえないが、転職先を探す時間を確保できるなど、影響を最小限に抑えることができるのだ。

ところが、倒産の場合はそうはいかない。破産手続きが始まれば事業は停止される。資産は価格よりもスピード重視で売却され、債権者への配当に充てられる。

当然、手元に資産は残らない。それどころか経営者は会社の債務について連帯保証をしていることから、経営者自身が自己破産しなければならないケースも多い。

経営者本人が不利益を被るのは仕方がないことだが、周囲に多大な迷惑をかけることになる。金融機関からの借り入れが返済できないだけでなく、取引先への未払い代金や従業員の退職金も支払えないということがありうる。

早期の検討が重要

現状、資産超過で廃業することができる企業でも、赤字のままズルズルと経営を続けていれば、刻一刻と倒産に近づいていく。

周囲に迷惑をかけないためにも、まずは自分の会社のバランスシートを見て、自主廃業が可能か確認しておくことが必要だ。

それなりの資産があっても、在庫や設備などは事業が継続していればこそ価値が認められる。いざ倒産や廃業となれば、「清算価値」となって二束三文になるケースも少なくない。帳簿上の数字のみで判断するのではなく、実際に処分することを想定して、厳しく計算をしてみることが重要だ。

実際に廃業を検討し始めたら、いつ事業を終了するかを決めなければならない。今後のビジネスとの兼ね合いで、最も利益や資産が多いタイミングを選択しよう。

いつ取引先や従業員に伝えるのかも重要になる。事業終了予定日よりも早く取引を打ち切られたり、退職されたりすると、手元に残るお金が目減りしてしまうから適切なタイミングが求められる。

事業が終了した後は、2～3カ月をかけて解散と清算を進めていく。このとき清算人となるのは経営者であることが多く、自ら債権者に説明をしながら手続きを進めていく。

新型コロナウイルスの影響があっても、資金繰り支援が充実していることから、当面の間、事業を継続することは可能だ。しかし、本業の改善がなされないままでは、借金ばかりが増え傷口は広がるばかりだ。後々、「やっぱり廃業しておけばよかった」と悔やまないよう、早いうちから検討を進めていくことが重要だ。

廃業と倒産の違い

【廃業】
・従業員に退職金を支払ったり、取引先に借金を返済したりすることができる
・資産を計画的に売却できる
・顧問弁護士や経営者が清算業務を行う（自ら債権者への説明ができる）
・手続き費用が２０万円程度と安い

【倒産】

・従業員への退職金や取引先への借金返済ができず多方面に迷惑をかける
・割安でも資産を売却しなければならない
・業務は中立の破産管財人が進める
・予納金（破産管財人報酬）や弁護士費用が高い

（藤原宏成）

こんな社長が倒産させる

東京商工リサーチ情報本部長・友田信男

「俺の会社を誰が継げるんだ。そんなやつ、社内はおろか、どこにもいないよ」

これは、かつて東京都内で中小企業を営んでいた80代の社長の口癖だ。「かつて」というのは、すでにこの世からいなくなっているから。会社は倒産し、社長は多額の負債を抱えて自己破産。一家も離散してしまっているのだ。

長年、信用調査会社で倒産取材をしていると、倒産させてしまう社長にはいくつかパターンがあることがわかる。

まず、「会社を自分や一族のものだと思っている」点だ。この社長もそうだが、そもそも会社は株主のもの。ステークホルダー（利害関係者）も従業員をはじめ取引先、債権者など数多い。ひとたび倒産してしまえば、こうした人々に多大な迷惑をかけるにもかかわらず、会社は自分のものだと勘違いし、いつまでも手放そうとしない。そうしているうちに業績は悪化の一途をたどり、手のつけられないところまでいってしまうのだ。

過去の成功体験を忘れられない人も少なくない。中小企業には、創業者がいまだ社長を務めている会社も多い。もちろん、会社を立ち上げて成長させた実績は評価すべきだ。しかし、時代の移り変わりとともに会社も従業員も変わらなければ、生き残ることはできない。

しかし、「俺の時代はこうだった」「そんなやり方はおかしい。こうやって成功してきたのだから、そのとおりにやればいいんだ」と社員に怒鳴り散らす社長はそこら中にいる。現状が見えていないのだから、将来など言わずもがな。倒産まっしぐらだ。

そして、ひどい例になると、会社を自分の財布と勘違いし、何でも経費で落とす社長も意外に多い。車の購入費用や、ゴルフや買い物の費用などすべて経費扱い。こんな会社には、当たり前だが将来はない。

こうした社長は皆、理由の違いこそあれ、共通するのは問題を先送りしてしまいがちなこと。今の立場がいちばん気持ちいいし、だからこそ「変わりたくない」と考えてしまう。会社を譲るなんてもってのほか。いつまでも自分がトップであり続けたいのだ。

しかし、先送りにより、あらゆる問題の解決が困難になり、タイムリミットを迎えてしまう。従業員の退職金や転職先の問題、借金の返済、売掛金や買掛金の処理などを、時間的余裕があるときに検討しておけば、万が一のときにも迅速な対応を取れる。これは資金面でも同じこと。誰にも迷惑をかけず、きれいに身を引くことができるのだ。

再起も厳しいのが現実

東京商工リサーチの調査によれば、経営者の年齢と業績は反比例することがわかった。つまり、若いうちは業績がいいものの、年を取れば取るほど業績は悪化していくというわけだ。

年老いた社長が居座っていて業績が悪化した企業など、誰も救ってくれない。後継者がいなければ、残された選択肢は廃業か倒産である。準備を怠っていれば倒産しか道はない。

「倒産した後に再起を狙えばいいではないか」なんて考えも捨てたほうがいい。これまでの倒産事例を見ると、取引先が協力してくれていないからだ。それもそのはず。さんざん迷惑をかけられた社長に協力しようなどという取引先は皆無なのだ。しかも、倒産時に財産を隠していたり、決算書を偽造していたりすればなおさら。誰からも相手をされなくなってしまう。

東京商工リサーチが調査したところによると、2019年の倒産企業の〝平均寿命〟は23・7年。ここ15年間では前年に次ぐ4番目の長さになったものの、決して長いとはいえない。倒産の憂き目に遭わないためにも、早めの準備が重要だ。

友田信男（ともだ・のぶお）
1980年東京商工リサーチ入社。福岡支社情報部長、北九州支店長などを経て、2011年取締役情報本部長、15年常務取締役情報本部長。

事業承継を成功させるには「情と理」が必要

ＰｗＣアドバイザリー合同会社　Ｍ＆Ａアドバイザー・福谷尚久

銀行員時代から現在に至るまで、１００件以上の事業承継に携わってきたＰｗＣアドバイザリー合同会社の福谷尚久パートナー。その豊富な経験を基に、事業承継における重要な２０のノウハウを実践形式でまとめた『会社の終活』（共著）を出版した。中小企業の事業承継、とりわけＭ＆Ａを成功させるための秘訣について話を聞いた。

――中小企業の事業承継、Ｍ＆Ａが活発化しています。

社会的な環境が整ってきたことが大きい。大手金融機関だけでなく、会計士や税理士、専門業者なども知見を得て手がけるようになり、事業承継の世界でもＭ＆Ａが普及してきた。その結果、M＆Aに対する「乗っ取り」のイメージが払拭され、経営者の抵抗感も薄れてきたのではないか。一方で、法制度も整いつつあり、M＆Aが加速している。

――大企業のM＆Aと中小企業のM＆Aとでは違いがありますか。

手法は同じだが、中身は大きく違う。大企業の場合、売却する相手としてふさわしいのは、最も高い価格をつけてくれる企業。しかし中小企業の場合、従業員や取引先を大事にしてくれるかどうかという面も大きい。そういう意味で大企業は「理」だけでいいが、中小企業は「情と理」の両方がそろわなければうまくいかない。

相手をリスペクトする

――そうした中小企業のM＆Aによる事業承継を成功させるには、どうすればいいのでしょうか。

売り手にしろ買い手にしろ、「相手をリスペクトする」という点に尽きる。情の部分でわだかまりを残せば、せっかく承継してもうまくいかない。とくに買い手が「助けてやるんだ」といった姿勢で臨むのはもってのほか。互いに尊重し合って進めれば、私の経験上、ほぼ事業承継してよかったと言ってくれる。

――しかし、いまだ会社を手放すことを決断できない経営者も少なくありません。

企業にはさまざまなステージがある。もちろん社長の実力があったからこそ創業もできたし成長もできた。しかし時代の変化は速く、時代にマッチしなくなる時期は来る。そう感じたら手放すタイミングだ。もちろんM&Aは守秘性の高いものだからやみくもに相談できるものではないが、長年付き合いがある金融機関や税理士、もしくは身近で実際に事業承継された人など、本当に信用できる人に意見を求めてみるべきだろう。

――コロナ禍で事業承継は進むでしょうか。

コロナに関係なく、従業員や取引先のことを考えれば、自分に万が一のことがあったときどうするかを考えておかなければならない。それが経営者だ。ただコロナ禍によって、そうしたことに気づく経営者は増えるのではないだろうか。事業承継は、育ててきた会社を発展させるという意味合いもある。勇気を持って決断してほしい。

（聞き手・田島靖久）

福谷尚久（ふくたに・なおひさ）

国際基督教大学教養学部卒業後、三井銀行入行。大手金融機関でM&Aアドバイザリー業務に従事した後、現職にて多様なM&A案件にアドバイスを行う。

国も全力で後押し

特例措置は事業承継加速の重要な「カギ」

「本来はこの前の国会で、親族外承継についても、事業承継税制を拡充しようとしたのだが、はねられてしまった。しかし、次の国会では、ぜひ再トライしたいと考えている」

中小企業庁の幹部が語るのは、中小企業の事業承継を後押しするために、従来の事業承継税制とは別に10年間限定で大幅に拡充した特例措置についてだ。

2018年度の税制改正において、親族内承継を行う法人については税負担を実質ゼロに、個人については土地や建物などの承継に関わる相続税や贈与税の100％納税猶予制度を創設するなど、「半ば法律の枠を超えた特別な措置」（前述の中小企業庁幹部）が実施された。

中小企業庁は、そうした特例措置を、親族外承継にも拡大しようと、ひそかにもくろんでいたというわけだ。

それくらい、中小企業庁の危機意識は高い。これまで見てきたとおり、後継者不在を理由に黒字廃業する中小企業が後を絶たないため、第三者承継を推し進めようと躍起になっているのだ。

というのも、中小企業のM&Aは年間4000件弱にとどまっており、127万社ともいわれる潜在的な後継者不在の中小企業の数からして不十分との認識があるからだ。

そのため中小企業庁は、「10年間で60万社の第三者承継の実現を目指す」とぶち上げ、2019年に「第三者承継支援総合パッケージ」として、さまざまな施策を打ち出しているのだ。

■後押しする政策のラインナップを整える
—中小企業庁が進める事業承継支援策の概要—

親族内承継	法人版事業承継税制の拡充	10年間限定で承継時の税負担を実質ゼロに
親族内承継	個人版事業承継税制の創設	10年間限定で、個人事業者の土地、建物、機械などの承継に関わる相続税と贈与税の100%納税猶予制度を創設
	中小企業成長促進法の制定	経営者保証を不要とする信用保証の特別枠を設定
親族外承継	第三者承継支援総合パッケージ	●事業引継ぎ支援センターによるマッチング支援 ●「中小M&Aガイドライン」を通じた仲介業者への留意事項の提示 ●経営者保証不要の信用保証制度の創設 ●M&A時の登録免許税、不動産取得税の減免　など
親族外承継	経営資源引継ぎ補助金	M&Aの仲介手数料などを補助
親族外承継	経営力強化支援ファンド	M&Aによる地域内事業再編や集約化を促進

↓ 承継後

事業承継補助金	事業承継を契機として、経営革新や事業転換などに取り組む中小企業の設備投資などを支援

（出所）中小企業庁の資料を基に東洋経済作成

先の表は、中小企業庁が進める事業承継支援策の全体像だ。親族内承継については、かなり拡充されているものの、親族外承継については意気込みの割に小粒な印象が拭えない。

目新しさがあるとすれば、事業承継のマッチングにおいて、経営者の個人保証の存在によって承継が拒否されているケースが多いことを受けて、先代経営者と後継者からの保証の二重取りを原則禁止にしたり、経営者保証を不要とする新たな信用保証制度を創設したりといったものくらい。

そのため、親族外承継を加速させるための起爆剤として、事業承継税制の特例措置の導入を目指していたのだ。

数年後に法規制導入か

とはいえ、第三者承継における最大の問題は、中小企業経営者にとって、親族のような身近な人ではなく、他社に売ることに対する抵抗感が強いこと、そしてM&A仲介会社や仲介手数料に関する情報が不十分なため、会社の売却を躊躇してしまうことだ。

M&A仲介会社のビジネスは、大手であってもわかりにくい面があり、経営者をはじめ不信感を抱いている人たちは少なくない。こうしたことは中小企業庁も認識しており、2020年3月に「中小M&Aガイドライン」を公表、仲介手数料の具体的なイメージを示したり、内容と手数料が見合っているのか客観的に判断する基準を示したりしている。

「利益相反の問題や、手数料などの面において不透明な部分があるのは事実。しかしすでにM&A仲介会社が中小企業の事業承継を担っている部分は大きい。そのため、指針を示して適切な役割を果たすよう求めていく」(同) としており、ある関係者は、「今後2~3年のうちに、利益相反リスクを最小化するため何らかの法規制をかけるのではないか」とみている。

経営者の信頼を失うな

こうした事情を知ってか、あるM&A仲介会社はセミナーで、中小企業経営者を相手に「この2年が勝負の年! 急がなければ間に合いません。何を躊躇しているのですか」とあおりたてる。

確かにコロナ禍の現状を考えれば、彼らが言っていることも間違いではない。見てきたとおり、早い段階で売却しなければ売り上げが減少、それに伴って財務も毀損してしまい、売るに売れない状況に陥ってしまうからだ。

しかし、「あのあおり方を見ていると、M&A仲介会社は規制がかけられるまでの間に、とにかく稼ぎまくろうという考えなのではないか」とうがった見方をする金融関係者も少なくない。

もちろん、まだ法規制が整備されていないので、M&A仲介会社が違法なことをやっているわけではない。一方で、「儲かりそうという理由だけで、M&Aに対する知見もないのにむちゃくちゃなことをやっているのは新規参入組」といった指摘もある。

だが、いずれにしても中小企業経営者たちの信頼を失えば、せっかく高まりつつあった中小企業のM&A機運がしぼみかねない。そればかりか、急がなければならない事業承継にブレーキをかける可能性もある。自己の儲けも大事だが、日本を支えてきた数多くの中小企業のためにという目的だけは忘れてはならない。

（田島靖久）

「自分のことより会社や社員を最優先に考える」

ファンケル 創業者・池森賢二

「ファンケル」――1981年に無添加化粧品の会社を起こし、今や日本を代表する化粧品メーカーに育てた池森賢二。2019年8月にキリンホールディングスと資本業務提携、創業家の全株式を譲渡する形で事業承継をした。株式もすべて手放し事業承継をしたオーナー経営者の話に耳を傾けてみよう。

紆余曲折を経て保有株を売却

1981年	創業
2003年	社長を退任し名誉会長に。ダイエー出身でローソン社長を務めた藤原謙次が社長に就任
2007年	義弟でダイエー出身の宮島和美が社長に就任
2008年	蛇の目ミシン工業出身の成松義文が社長就任 （業績悪化）
2013年	池森が会長執行役員として経営に復帰。宮島を再び社長に （業績V字回復）
2017年	ダイエー出身の島田和幸を社長に据え、宮島を副会長に
2019年	創業家の保有株を1293億円でキリンホールディングスに売却

（出所）取材を基に東洋経済作成

――いつから株式の譲渡による事業承継を考えていたのでしょう。

ちょうど80歳になってすぐのときです。日本人男性の平均寿命が81歳くらいだと聞き、「私が突然死んだらファンケルはどうなるんだろう。支え続けてくれている社員や役員が困ってしまう」と思い、真剣に考え始めました。会社も好調でしたし、私の目が黒いうちに、会社の将来を考えなければならないと思ったのです。

――親族に会社を継がせるという選択肢を採らなかったのはなぜでしょうか。

私には息子と兄弟がいます。しかし息子は美術の道を志していましたし、兄弟も高齢ですから引き継げる人材が身内にはいませんでした。だから親族に継がせようという考えは初めからありませんでした。たぶん継がされたほうも迷惑するだろうと思ったからです。

どうしようかと思案している最中に、証券会社や企業など、数多くの方々から「会社を売ってくれないか」という話をもらいました。ロレアルのような世界的な化粧品メーカーからも直接、「譲ってくれないか」と言われました。

しかし、ありがたいことにファンケルも大きな会社になりました。したがって売り上げで1兆円、利益で1000億円規模の会社でなければ、株をまとめて買うのは難しいだろうと考え、キリンホールディングスを選びました。キリンの「一番搾り」が好きだったという理由もありますね（笑）。

〔池森は、66歳で一度社長を引退し、第三者に経営を任せようとしたことがある。だがその後、業績は急速に悪化。引退から10年を経た75歳のとき、会長執行役員として経営にカムバックした。〕

──66歳のときも事業承継をしようと考えていたのでしょうか。

そこまでは考えていませんでしたが、経営はお任せしようと思っていました。以前ある人から、「社長に居座り続けるのは老害ですよ」と言われ、65歳で定年にしようと決めていたからです。ところが、引退していた10年間で、会社の業績が大きく下がってしまい、多くの社員に不安を感じさせてしまいました。

幸い、復帰してV字回復を果たせたのですが、このときに「絶対に社員を不安にさせてはいけない」と強く思いました。判断力がはっきりしているうちに、社員や役員にとって最良と思える道筋をつけることが私の責任だと感じるようになったのです。つまり、今回の事業承継を考えるうえでの原点だった気がします。

〔池森をはじめとする創業家は、ファンケル株の30・3％を保有していた。この全株をキリンに1293億円で譲渡する。〕

――どうして全株式を譲渡したのですか。

創業家が株式を持ち続けている企業を見ていると、創業家の存在が弊害になっているケースが多かったからです。譲るのであればすべての株式を手放さなければうまくいかないし、キリンにも迷惑をかけてしまうと考えました。そうした思いを息子や兄弟たちにしたところ、みんな賛成してくれてすんなりと決まりました。また、うまくいかなかったからといって、10年後に復帰するわけにもいきませんしね。

もし私が死んで、親族が持っている株をそれぞれの都合で売却したら、安定した株主がいなくなって、経営が不安定になってしまうのではないかという不安もありました。そうなれば、社員も不安になってしまいます。

そうならないための最良の道筋として、会社の将来を託すことのできる、信頼できる会社にすべて譲り、その会社に株式を持っていただくことが一番だという結論に至ったのです。

――キリンとの交渉はすんなりといったのでしょうか。

一応、間に弁護士に立ってもらいましたが、お話を持ちかけたところ一発回答でOKでした。キリン側もファンケルのことを高く評価してくれ、価格に高いプレミアムをつけてくれました。親族も喜んでくれて、すんなりと決まりました。

ただ、どうしても成功させたかったため秘密保持には気を使いました。もともと私はおしゃべりなほうですが、発表の日まで誰にも相談せず、息子や兄弟に打ち明けたのも発表の前日というくらい徹底しました。

――株式譲渡に当たって、何か条件はつけたのでしょうか。

いえ、とくにつけていません。ただ、譲渡先を選ぶ際にこだわったのは、今の社員や経営陣を大切にしてくれること、ファンケルのブランドを守り続けてくれること、そしてファンケルの独立性を維持してくれることでした。そのいずれも満たしてくれたのがキリンだったわけです。おかげさまで社員たちは皆感謝してくれ、安心しました。

――これから事業承継をしようと考えている人たちへアドバイスがあれば教えてください。

自分のことよりも会社のこと、そして社員のことを最優先に考えるべきだということ。そして、身内ではなく実力がある第三者に任せたほうがいいということです。世界はものすごいスピードで大きく変化しています。現在の延長線で業績を伸ばしていくのは至難の業。変化に合わせて会社経営をしていくためには、社長がしっかりと判断できるうちに事業承継を決断すべきだといえます。

池森賢二（いけもり・けんじ）

1937年生まれ。三重県出身。59年小田原瓦斯入社。81年にファンケル創業。2003年に社長を退任し名誉会長に。13年会長執行役員として経営に復帰、20年に退任。現在は名誉相談役　ファウンダー。

新たなプレーヤーでバブル到来の承継市場

毎週月曜日、中小食品企業の再生を手がけるヨシムラ・フード・ホールディングスの吉村元久代表は、前の週に持ち込まれたM&A候補リストに目を通す。その数、直接吉村氏の目に触れるもので年間150ほど。事前に部下がふるい落とした案件を含めると、年間数百に及ぶ。

ここ10年で、ヨシムラ・フードは20社を買収。多くが地方の後継者不在に悩む中小企業で、買収後、赤字続きの企業をあっという間に黒字転換させた実績もある。

こうした買収意欲が旺盛な企業のことを、M&A業界では「ストロングバイヤー」と呼ぶ。案件を持ち込んでいるのは、会計士や税理士、そして仲介会社たちだ。

急拡大のM&A仲介会社

1990年ごろまで、M&A業界の主役といえば、大手銀行や証券会社だった。上場企業同士のM&Aや、海外企業を対象にしたクロスボーダー型M&Aの助言ができるのは大手金融機関だけだったからだ。

それがここ数年、状況はがらりと変わった。中小企業の事業承継ニーズが高まり、M&Aという手法が普及するにつれ、中小企業オーナーと接点を持つ地方銀行や会計士、税理士が多くの案件に携わるようになってきたのだ。

さらに「M&A仲介ビジネス」という新業種まで誕生。会社を売却したい売り手と、買収して事業を拡大したい買い手の仲介をする（マッチングさせる）ビジネスだ。

だがそれは、これまでそうした役割を担ってきた大手金融機関のビジネスとは似て非なるものだ。

大手金融機関の場合、売り手、もしくは買い手のどちらか片側について、ファイナンシャルアドバイザリー（FA）業務を行う。ところがM&A仲介会社は、売り手と買い手両側とアドバイザリー契約を結び、マッチングさせるのが主たる業務。M&A市場が成熟した欧米では見られないモデルだ。

仲介ビジネスが伸びたのには理由がある。大企業を対象としたM&Aの手数料は数千万～数億円になることが珍しくない。一方、中小企業の事業承継となると、手数料は数十万円から多くて数百万円といかにも小粒。やることは同じなので、金融機関は手がけたがらないのだ。

中小企業側のニーズにもマッチした。手数料は割安で、買い手を見つけ出すネットワークや、成約に結び付けるノウハウが豊富。後継者不在に苦しむ中小企業オーナーにとって、まさに救世主のような存在だったのだ。

市場も急拡大している。業界トップの日本M&Aセンターは2010年3月期から10期連続で増収増益。今期はコロナ禍で急拡大した事業承継ニーズを着実に捉え、第1四半期としての過去最高益を記録。採用人数も大幅に増やすなど、まさに破竹の勢いだ。

儲けのチャンスをかぎつけたプレーヤーたちも相次いで参入しており、M&A助言のレコフによると2008年に162社だった業者数は、19年に313社まで急増。2020年8月25日現在では358社に上っている。M&A専門業者数は右肩上がりだ。仲介会社の勃興により、M&A業界の勢力図も大きな変化を遂げている。次図はM&A市場におけるプレーヤーの立ち位置を、縦軸に対象企業の売上高、横軸に所在地を取ってマトリックスにしたものだ。

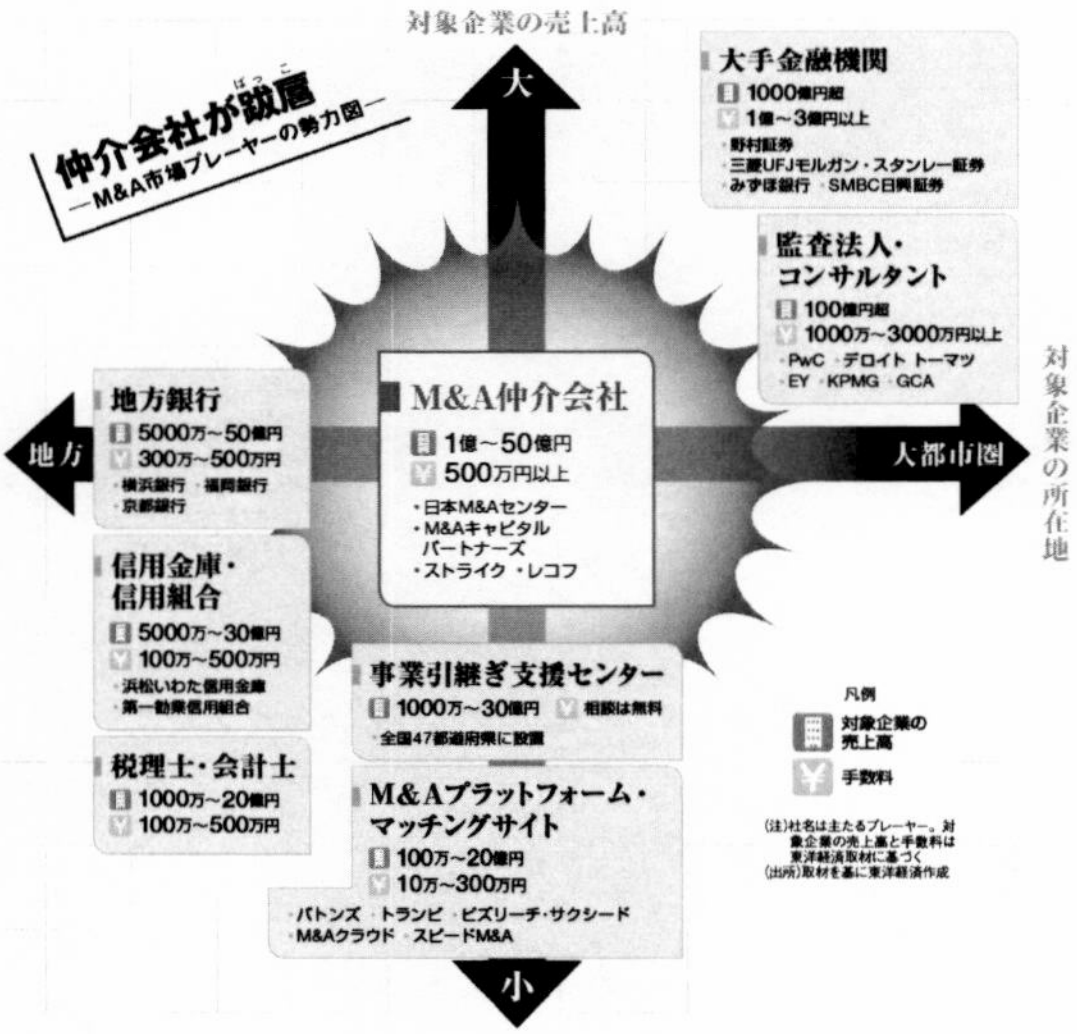
仲介会社が跋扈《ばっこ》
―M&A市場プレーヤーの勢力図―
対象企業の売上高
大
小
地方
大都市圏
対象企業の所在地
M&A仲介会社
1億～50億円
500万円以上
・日本M&Aセンター
・M&Aキャピタルパートナーズ
・ストライク ・レコフ
大手金融機関
1000億円超
1億～3億円以上
・野村証券
・三菱UFJモルガン・スタンレー証券
・みずほ銀行 ・SMBC日興証券
監査法人・コンサルタント
100億円超
1000万～3000万円以上
・PwC ・デロイト トーマツ
・EY ・KPMG ・GCA
地方銀行
5000万～50億円
300万～500万円
・横浜銀行 ・福岡銀行
・京都銀行
信用金庫・信用組合
5000万～30億円
100万～500万円
・浜松いわた信用金庫
・第一勧業信用組合
税理士・会計士
1000万～20億円
100万～500万円
事業引継ぎ支援センター
1000万～30億円
相談は無料
・全国47都道府県に設置
M&Aプラットフォーム・マッチングサイト
100万～20億円
10万～300万円
・バトンズ ・トランビ ・ビズリーチ・サクシード
・M&Aクラウド ・スピードM&A
凡例
対象企業の売上高
手数料
(注)社名は主たるプレーヤー。対象企業の売上高と手数料は東洋経済取材に基づく
(出所)取材を基に東洋経済作成

仲介と地銀のもたれ合い

これを見れば明らかなとおり、大手金融機関や監査法人・コンサルタントは大都市圏の売り上げが大きい企業を対象としているのに対し、急伸するM&A仲介会社の対象は売上高1億～50億円、大都市圏から地方の企業まで幅広いことがわかる。

銀行も事業承継ビジネスに乗り出す。りそな銀行は専門ファンドを作り、事業承継を支援すると発表した。また、地銀トップの横浜銀行は2019年、M&Aや事業承継のコンサルティングができる精鋭を集め、20年8月には案件ごとにチームを編成する仕組みも整えた。

さらに零細企業の事業承継ニーズをくみ取っているのが信用金庫や信用組合といった地域金融機関。例えば第一勧業信用組合は17年から事業承継のコンサルティングをスタート。譲渡を望む企業があれば、取引先の中から買い手を探している。

2019年は、第一勧信の呼びかけにより全国25の信組で「事業承継連携協議会」が発足。各信組が手がけた事業承継の実例を通し、M&Aの知見やノウハウを共有していく試みだ。将来的にはネットワーク内で売り手企業や買い手企業の情報を共有化し、営業地域にとらわれない事業承継を行っていくことを目指している。

とはいえ、こうした動きはほんの一部。取引先の多くが事業承継で困っているにもかかわらず、多くの地銀には対応できる人材もノウハウもまだない。

そこに目をつけたのがM&A仲介会社だ。地銀に取引先を紹介させ、手持ち企業とマッチングさせるのだ。M&A仲介会社にしてみれば、わざわざ地方まで営業に行かなくとも案件を手にすることができる。地銀も報酬の4分の1程度を紹介手数料として得ており、両者はウィンウィンの関係を築いているといえる。

マッチングサイトも盛況

新たなプレーヤーといえば、M&Aマッチングサイトも盛況だ。

出会い系サイトさながら、インターネット上に、売り手企業の事業内容や譲渡希望金額などを掲載し、マッチングしてもらおうというもの。ただ、あくまで情報を載せての仲介だけを旨とし、M&A自体は原則として当事者たちに任せるのが特徴だ。

かつてプレーヤーが大手金融機関に限られ、閉鎖的だった事業承継市場も、こうした新たなプレーヤーたちが風穴を開けて拡大し、バブルの様相を呈してきた。だが、中にはM&Aの知見などないにもかかわらず、「高い価格で買い取ってくれる企業を連れてくるから」などと甘言を弄し、高額の手数料を要求する悪徳ブローカーまがいの業者も出現し始めている。市場が成熟するのはこれからといえそうだ。

（野中大樹）

INTERVIEW

「ファンドで承継を支援する」

りそな銀行社長・岩永省一

コロナ禍で遺言や相続の相談は相当増えた。企業オーナーの興味も、事業の継続性や承継に移っている。

事業承継は銀行にとって付随業務だったが、これからはメインになる。中堅・中小に特化するりそなにとってもコア業務だ。

親族内の承継やM&Aでの売却にはすでに手厚いサポート体制を整えた。だが、それ以外の選択肢も必要だ。例えば、後継者はいないが、株は手放したいという場合もある。

そこで21年1月をメドに事業承継専門ファンドをつくる。銀行法の改正で、100%の出資も可能になった。顧客の株を預かり、後継者を育て、企業価値も高めていく。まずは100億円から。必要があれば次も考えていく。

銀行のファンドは、売却で稼ぐことが目的のファンドとは違う。売却した後も長く伴走して成長してもらい、取引を維持拡大するモデルだ。顧客にもメリットがある。顧客の事業を支援して価値を高めるのは、銀行本来の業務だ。昔はもっと企業に入り込んでやっていた。自分が入行したときもそういう教育を受けてきた。バブル崩壊以降、そうした銀行員は減り、低金利で安く貸せばそれが仕事になっていた。コロナを機に、再び本来の姿に戻していかなければならない。

事業承継の分野にこれだけ多くのプレーヤーがいるのはそれだけニーズが多いからだ。ただ、しっかりしたプレーヤーがいないといい承継にはならない。われわれは逃げも隠れもしない。きちんと存在感を出していきたい。

岩永省一（いわなが・しょういち）

1965年生まれ。明治大卒、大和銀行（現りそな銀行）入行。2018年りそなホールディングス取締役兼代表執行役。20年4月から現職。

大手のGCAも殴り込み

大企業のM&Aや海外とのクロスボーダー案件などを手がけるGCAが、2019年6月にGCAサクセションという専門子会社を設立し、中小企業向けの事業承継市場に本格参入した。

ターゲットに据えたのは大型と小型の中間、譲渡金額が50億円規模のM&A案件だ。

中小企業向け事業承継に参入した理由を、GCAの渡辺章博代表取締役は「エコシステムづくり」と説明する。欧米では事業承継が済んだ後、創業家が資金を子孫に残すために、ベンチャー企業に投資する文化がある。その結果、スタートアップ企業に資金が流入し、企業の新陳代謝が進みやすい。そうした資金の流れ（エコシステム）

を日本でもつくり、創業者を「リスクマネー供給の担い手にする」というのが渡辺代表の狙いだ。

GCAはすでに、欧州で中小企業向けの事業承継を得意分野にしている。ただ、国内市場は未開拓だった。「事業承継の場合は規模がまちまちだが、案件数が多いので本体の事業と遜色ない収益を上げられるはずだ」（二戸弘幸・GCAサクセション社長）という。目下、コロナ禍で事業承継の需要が高まりつつあり、大きく落ち込んでしまった業績の回復に向けて、期待をかけている。

GCAには国内の中小企業向け事業承継市場での勝算がある。渡辺代表は「M&Aでは『誰に買ってもらうのか』ということが重要。海外も含めた大企業とのネットワークがあるGCA本体のチームが売却先を探すことで、中小企業も安心して売却を任せられる」と胸を張る。

件数よりも価格を重視

ＧＣＡはＭ＆Ａ専業大手としてのこだわりも見せる。専属アドバイザーとして売り手側からしか手数料を取らないということだ。

現在日本で勢いを増している中小企業のＭ＆Ａビジネスは「仲介型」であり、売り手側と買い手側の双方から手数料を受け取る。仲介会社は売却が成立した件数に応じて手数料を受け取るため、売却価格を引き上げることよりも、売却を成立させることを優先しがちだ。

その結果、中小企業オーナー（売り手）にとって不利な売却価格で事業承継が行われてしまうことがある。これは本来最優先されるべき顧客である売り手の「できるだけ高い価格で売りたい」という利益を重視しておらず、利益相反になるといわれる。実際、経済産業省も２０２０年３月に公表したガイドラインで「１者による仲介は『利益相反』となり得る」と指摘する。

一方のＧＣＡは、売却価格を基に売り手側からのみ手数料を受け取るため、自分たちのためにもなるべく売却価格を引き上げようとする。その結果、売り手にとっても納得いく価格で売却できることが多い。

「われわれが入ったことで売却価格が3倍になった案件もある。売り手側だけの味方になるわれわれならば、企業を安値で買いたたかれることはない」（渡辺代表）と強調する。

同氏は、買い手がつかないような企業の買い取り先を見つける場合などには、仲介型モデルが必要な場面もあると前置きしたうえで、「成熟したM&A市場なら仲介モデルは成立しない」と言い切る。

コロナ禍で傷んだ企業が増える中、海外で培った中小企業の事業承継のノウハウを日本に持ち込み、企業の売り手側だけにつくモデルで事業を拡大させることができるか。GCAの実力が明らかになろうとしている。

（梅垣勇人）

M&Aマッチングサイトも勃興

Ｍ＆Ａ仲介会社に加え、インターネットで事業の売り手と買い手をつなぐマッチングサイトも急増している。売却価格の多くは数百万～数千万円規模と、仲介会社が抱える案件より安い。個人でも買える数十万円規模の案件も多い。参入障壁は低く、「小さい業者も合わせると、今は１００社近くが乱立している」（業界関係者）。ここでは主なマッチングサイトの特徴を比べてみよう。

■ 総合型が続々登場 ―主なM&Aマッチングサイトとその特徴―

種類	サービス名	運営会社	サービス開始時期	特徴
総合型	トランビ	トランビ	2011年7月	累計マッチング数2万9949件。長野のアスク工業の2代目が後継者不足の問題解消を狙い創業。業界最古参
	ビズリーチ・サクシード	ビジョナル・インキュベーション	2017年11月	売り手登録数2610件、買い手企業数5525件。審査を通過した法人企業のみ利用可能。大型案件が多い
	ビズマ	ビジネスマーケット	2018年3月	買い手も売り手も利用料無料。地方中小企業の課題解決を重視。利用者の地銀などからシステム利用料を徴収
	バトンズ	バトンズ	2018年10月	買い手ユーザー数5万1157件、累計M&A件数7420件。M&Aサポートに積極的。「支援専門家」も育成
	M&Aクラウド	M&Aクラウド	2018年4月	総M&A件数482件、総出資件数371件。「募集型M&Aプラットフォーム」を標榜。IT企業の利用者が多い
	事業承継総合センター	リクルート	2018年10月	買い手リスト1万件。買い手と売り手を直接つなぐのではなく、条件に合った最適な仲介会社を紹介
	スピードM&A	スピードM&A	2018年11月	案件数400件以上、登録数4000件超。サイトでの募集に加え、M&Aアドバイザー会社からの紹介案件も掲載
飲食	飲食店.COM	シンクロ・フード	2003年9月	サイト内の「飲食M&A」で、飲食店や食品事業のM&Aを手がける。店舗物件探しや求人サービスも展開
美容	サロンM&Aネット	BGパートナーズ	2018年9月	美容室やエステ、ネイル、アイラッシュなど美容サロンのM&Aに特化。個人店舗も積極的にサポート
Webサイト	サイトストック	サイトストック	2007年3月	Webメディア、EC、マッチングサイトなどを扱うサイト売買のプラットフォーム。専門家のサポートも
	UREBA	フォーイット	2019年5月	アフィリエイト関連ビジネスを手がけるフォーイット社傘下。売り手の手数料ゼロ、最適な価格提案で成長

（注）件数は2020年9月1日時点でサイトに掲載された数値　（出所）各社資料を基に東洋経済作成

双方の合意で実名交渉へ

マッチングサイトは、ジャンルを問わない総合型と、専門分野に絞った特化型に大別される。

いずれも掲載方法は、売り手企業は匿名で、事業内容や収益、売却希望価格などが提示されているケースが多い。買い手の企業や個人が、希望に合う案件を探してアプローチし、双方が合意すれば実名交渉に入る。手数料は売却価格の数％を買い手から徴収するのが一般的だ。ただ各サイトは細かい点で手法が異なる。

2011年に創業し、総合型でいちばんの老舗がトランビ。高額案件から低額案件までそろえ、業種も、情報通信、小売りから生活関連サービスまで幅広い。選択肢が多く、法人に加えて個人の利用も多いのが特徴だ。

トランビをはじめマッチングサイトの多くは、売却案件の概要を誰でも閲覧でき、グーグル検索でも表示される。だが、そうすると興味本位で閲覧する人も増えてしまう。そこでM&Aに真剣な企業とのみ交渉できるよう、審査を通過した法人会員だけを閲覧者としたのがビズリーチ・サクシードだ。売却価格が1億円以上の大型案件も多い。18年には買い手側が社名を公表し条件を周知して売却案件を募る「承継公募」を導入。カレーチェーン店の「ゴーゴーカレー」が利用するなど話題となった。

ビズリーチ・サクシードは買い手の選択肢を増やすため、サイト上で募る以外に、提携先の地方銀行や税理士事務所などからの紹介案件も掲載している。

それと同じように売却案件を多く掲載し、利用者を増やしているサイトにスピードM&Aがある。

ビズリーチ・サクシードの「承継公募」と同様、売り手側ではなく買い手側が希望条件を告知し、買収先を募るのがM&Aクラウド。創業者の及川厚博CEOが、事業を売却した経験を基に、売り手の視点で買い手を集めたサイトを思いついた。案件はIT関連の事業が多い。「とがった事業が好きなIT起業家に加えて、デジタル化に関心がある非IT企業にも使われている」(及川CEO)。

ただ、マッチングサイトは売り手が自由に値付けでき、買い手にとっては事業価値の評価が難しいという課題もある。利用者の一人は、「交渉は当事者に任せられ、安価な案件だと決算資料がそろっていないケースも多い。細かく要求すると嫌がられ、交渉に至りにくい」と話す。

そこでトラブル回避のため、会計士や税理士など、専門家によるサポートを売りとするのが、仲介大手・日本M&Aセンターのグループ会社であるバトンズ。会計士や税理士などの有資格者を研修し、「支援専門家」として紹介するほか、安価でできるデューデリジェンス（資産査定）のサービスも提供する。前述のスピードM&Aや17年設立のファンドブックも専門家による助言サービスを売りにしている。

特化型もしのぎを削る

ほかにも特徴的な総合型サイトはある。買い手も売り手も利用料が無料なのがビズマ。ユーザーである自治体や地方銀行からのシステム利用料で運営費を賄う。リクルートが運営する事業承継総合センターは、トラブル回避を目的に、売り手と買い手を直接つなぐのでなく、売り手側の希望に合うM&A仲介会社を紹介している。

専門分野の特化型もしのぎを削る。飲食店や食品事業などの売買案件に特化した飲食店ドットコムや、理髪店や美容室に特化したサロンM&Aネットなどがある。いずれも開業支援などの周辺サービスも併せて利用できる点が、総合型サイトとは異なる。

2000年代から行われてきたのが、個人メディアやネット通販などの売買だ。その老舗マッチングサイト、サイトストックは07年サービス開始。一方、19年開始ながら売り手の手数料ゼロ、最適な価格提案などで成約数を伸ばすUREBAのようなサイトもある。

こうしたマッチングサイトへの掲載の多くを占めるのが、アフィリエイト型の広告サイト事業だ。ただ、グーグルの検索アルゴリズムが変更され、検索順位が下落するサイトが続出。収益が上がりにくくなり、同事業の売却価格の相場は「以前の3分の2程度に下がった」（業界関係者）といわれる。

マッチングサイトはあくまで買い手と売り手の「出会い」の場。こうしたリスクも考慮したうえで、売却案件の事業価値をどのように評価するかが、利用者に問われることになる。

（許斐健太）

M&A仲介大手の正体

「後継者がいない。資金繰りに不安がある。黒字転換できそうにない。借金の返済が不安だ……。今、そういう業界がたくさんあるんです」

2020年7月、オンラインセミナー「Withコロナを生き抜く経営戦略」で、日本M&Aセンターの三宅卓社長は熱弁を振るっていた。

「廃業したり倒産したりすると、従業員が路頭に迷います。取引先は商売ができなくなります。愛してやまない地域の経済はガタガタになります。世の中に不要な会社なんて1社もないんです！」

新型コロナが経済を直撃した春以降、日本M&Aセンターは「逆境をチャンスに変えるM&A」「2代目社長の苦悩と使命、そしてM&Aという決断」などと題したセミナーを全国各地で開催。今こそM&Aによる事業承継が必要だと訴えて回っている。

M&Aセンターだけではない。M&Aキャピタルパートナーズ、ストライクといった会社も、後継者不在で右往左往する中小企業オーナーや、新型コロナで先行きに不安を覚える経営者たちに、怒濤の営業活動を展開している。彼らはいずれも最近、事業承継の世界で急速に勢力を伸ばしている「M&A仲介会社」の大手だ。

■ 日本M&Aセンターが突出 ―仲介大手3社の売上高推移―

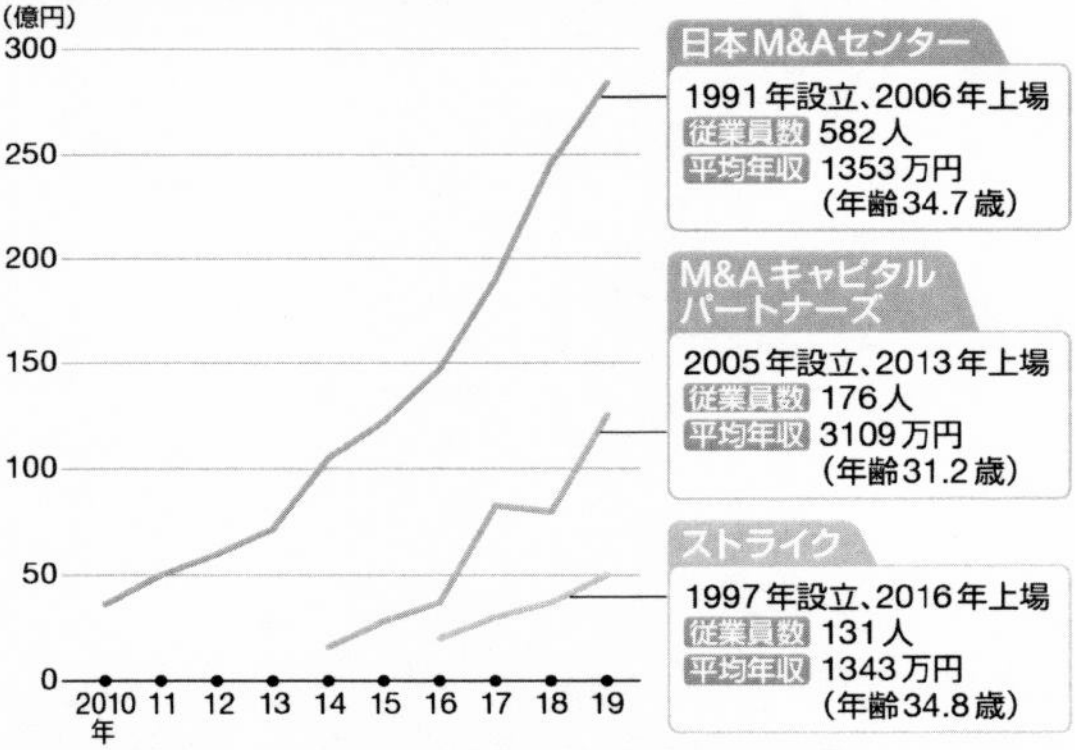

(注)M&Aキャピタルパートナーズとストライクは上場後の推移。従業員数、平均年収、年齢は『会社四季報』のデータを基に東洋経済作成

至れり尽くせりの営業

中小企業の経営者にとって、事業承継は大問題。会社を売却すると言ったかと思えば、翌日には「やめた」とひっくり返すなんてこともよくある話だ。

そこでM&A仲介会社の担当者たちは、「社長、会社をここまで大きく、すばらしいものにできたのは社長がいたからです。だから、決断できるのも社長しかいないんです。どうか、ご決断を」と、心が揺れる経営者たちに寄り添いながら背中を押す。

ある担当者は、「経営者たちは長年〝お山の大将〟でやってきている。だから社長という言葉を連呼して、気持ちよくしてあげるのがコツだ」と打ち明ける。

顧客になりそうだと思えば、必死に口説き落とす。ある食品会社は担当者から「3億円くらいで売却できる」との説明を受けたが、ファンドマネジャーの試算では5000万円が関の山だった。

譲渡価格は一定の算出方法こそあるものの、最終的には当事者同士が納得するかどうかで決まるため、明確な定価や相場が存在しない。そのため担当者は、「まずは高額な価格を提示してオーナーを口説き落とし、後から修正していけばいい」と同行したファンドマネジャーに説明したという。

途中のケアも欠かさない。ある地方の経営者は、「会計士や弁護士といったM&Aプレーヤーが集まるサロンに連れていかれたが、そこは銀座の高級クラブ。プロのホステスではなく、東京六大学に通う知的な女子学生が接客してくれて舞い上がってしまったよ。M&Aセンターの創業者が出資者の一人だと聞かされた」と明かす。

そして契約がまとまると、今度は盛大に門出を祝福する。例えばM&Aセンターには「M&Aセレモニスト」と呼ばれる人がいて、高級外資ホテルで行われる結婚式レベルの調印式を執り行うという力の入れようだ。

まさに至れり尽くせり。ここまでされると、ほとんどの中小企業経営者たちは喜び、成約後、感謝の意を伝えるという。だが、それも「成約件数次第で給料が格段に違ってくるから」（ある仲介会社の社員）。社員たちは、ひとたび捕まえた経営者を決して放さず、必死になって成約に持ち込もうとするわけだ。

一方で、事業承継案件を安定して手に入れることができるシステムも整えている。

かつて、後継者問題に悩む中小企業経営者が相談する先といえば、会計士や金融機関くらい。そこで仲介会社は、全国津々浦々の会計事務所と提携。加えて、地方銀行や信用金庫など中小・零細企業と接点のある金融機関と強固な関係を構築してきた。

というのも、地銀などには事業承継案件が山のようにある。だが、知見やノウハウに乏しいため、自ら事業承継案件を手がけることができない。そこで、紹介手数料を受け取って仲介会社に案件を丸投げしているのだ。

「まるでバルクセールのように、どんどん案件を持ってきてくれる。ある大手証券会社の地方支店も、本部で扱ってもらえないような案件をどんどん供給してくれる」と仲介会社の幹部は明かす。

貢献してくれた銀行員をたたえることも忘れはしない。例えばM&Aセンターは年に一度、ホテルで「M&Aバンクオブザイヤー」を開催。実績を上げた銀行員を一堂に集めて表彰している。その様子を新聞広告を使って大々的に紹介するのだから、銀行員たちは喜んでせっせと案件供給にいそしむというわけだ。

こうした〝鉄壁のシステム〟を構築し、事業承継市場に乗り込んできた仲介会社。

だが、「M&A」を名乗っている割には、手法や料金体系などの面で、M&Aの世界的な常識と趣が違うようだ。

両手取引と着手金

1つはアドバイザリー契約の結び方だ。通常のM&Aでは、売り手と買い手それぞれにフィナンシャルアドバイザー（FA）がつく。売り手側のFAは少しでも高い価格になるよう全力を尽くし、逆に買い手側のFAは少しでも安い価格になるよう交渉する。報酬もそれぞれついた側からのみ受け取る。

ところが仲介会社は違う。売り手と買い手の両方とアドバイザリー契約を結び、それぞれから報酬を受け取るのだ。こうした取引は「両手取引」と呼ばれ、「売り手と買い手の利害がぶつかる利益相反に当たるのではないか」との指摘も根強い。

M&A市場が成熟した欧米では、利益相反に厳しく訴訟リスクも高いため、両方のアドバイザーにつくようなことは決してしない。だから、「仲介」というビジネスモデルも存在しない。

日本でも、かつて不動産業界では「両手取引」が当たり前のように行われていたが、「利益相反に当たるのではないか」との指摘を受けて、最近では賃貸を中心に鳴りを潜めている。にもかかわらず、M&A仲介の世界では健在だ。

もう1つ、報酬体系もM&Aの常識と違う。次図は一般的なFAと仲介会社の報酬体系をまとめたものだ。

■仲介会社は交渉前に着手金
—M&Aの流れと料金体系—

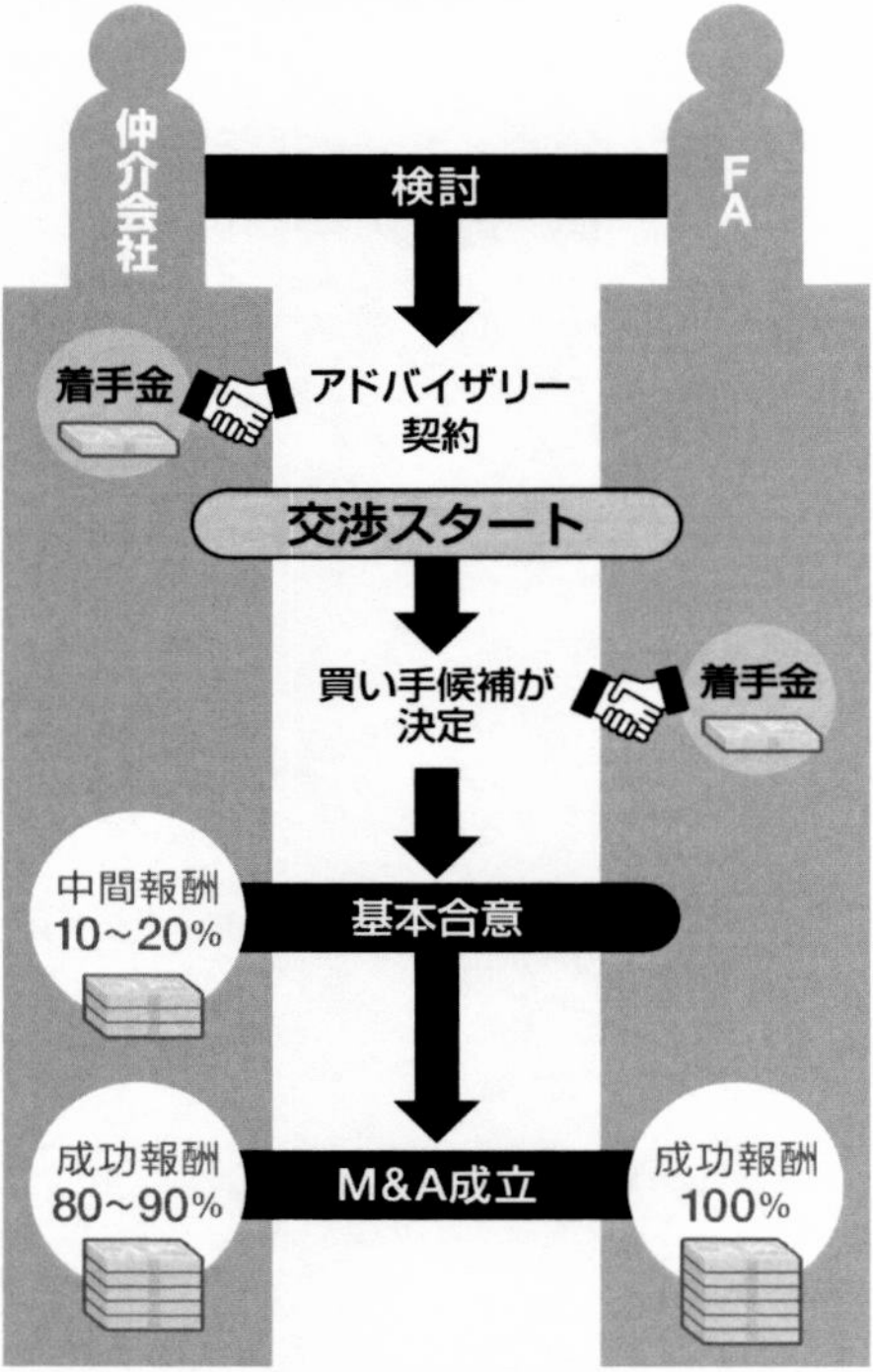

(注)仲介会社、FAともに代表的な料金体系の一例
(出所)取材を基に東洋経済作成

一般的なＦＡは、買い手候補が定まり、Ｍ＆Ａに向けて交渉を本格的に進めていく方針が決まった段階で「着手金」を請求する。ところが仲介会社の場合は、買い手候補がまだ決まっていない段階で請求する。「買い手候補のリストを見たければ金を払え」というのがその理由だ。

これには、「まだ具体的な交渉が始まってもいないのに、着手金を支払えというのはちょっと意味がわからない」と首をかしげる経営者もいる。

中には、「中小企業の経営者は移り気で、お金を払わないと本気にならない。だから本気にさせるために着手金を取っている」と言ってのける仲介会社もある。

中小企業を救うと主張

いずれも法規制はないので違法ではない。しかし、Ｍ＆Ａ業界からは「やっていることはＭ＆Ａそのものなのだから、Ｍ＆Ａの世界的なルールに従うべきではないか」といった指摘が少なからず聞こえてくる。

というのも、売り手を中心に不利益を被る可能性が大きいからだ。仲介会社がものすごい数の案件をこなしているいわばプロなのに対し、中小企業経営者は素人同然。とくに売り手企業は最初で最後、一度きりの経験だから、「仲介会社の言っていることを理解できない経営者もいて、『これくらいの価格が妥当ですよ』と言われれば、『そうなんだね、話をまとめてくれてありがとう』となってしまう」（大手金融機関幹部）。

とはいえ、手間がかかる割に報酬が少ないことを理由に大手金融機関から相手にされない中小企業にとってみれば、仲介会社は頼みの綱で救世主でもある。

「大きな報酬でしか動かない金融機関は、田舎の山の中まで話を聞きに行かないだろう。しかし、金融機関に見捨てられた中小企業がそうした所に数多くあることを知っていた。そうした企業を救うために作り上げた中小企業のためのビジネスモデルだ。われわれが金融機関出身ではなく、営業出身だからこそできたモデルだ」とM&Aセンターの三宅社長は胸を張る。

事業承継を進めなくてはならない中小企業庁にとって、仲介会社は〝痛しかゆし〟だ。

仲介会社のビジネスモデルへの問題意識は持ちながらも、彼らが中小企業の事業承継を数多く手がけ、推し進める役割を担っているのは確かだからだ。

そのため、2020年3月に制定した「中小M&Aガイドライン」に、「契約書に利益相反となり得る旨を明記すること」「セカンドオピニオンを求めることを許容する契約とすること」などと明記したものの、当面、仲介を禁止する意向までは持っていない。仲介会社に頼らざるをえないのが現状だ。

中小企業の事業承継をめぐるM&Aはまだ黎明期。これからさらに案件が増えていく中で、仲介会社のビジネスモデルのあり方についても議論になりそうだ。

（野中大樹、田島靖久）

「利益相反との批判は間違っている」

日本M&Aセンター　社長・三宅　卓

急成長を遂げているM&A仲介会社。その大手の1つ、日本M&Aセンターの三宅卓社長を直撃した。

――新型コロナウイルスが猛威を振るっています。

事業承継セミナーのダイレクトメールを全国の中小企業に送っているが、反応率はコロナ前の8倍に上っている。将来が不透明な中で、事業承継に関心が高まり、検討を始めている証左だろう。

――日本M&Aセンターの強みはどういうところでしょうか。

創業から29年やってきて、数万社に上る買い手企業を把握していることだ。売り手1社に対し、30~50社の買い手を紹介することができ、マッチング（仲介）能力は、世界一だと自負している。

今のままでは、事業承継できず倒産してしまう企業が増えてしまう。そうなれば地域経済にとっても大打撃だ。われわれはそうした企業を救うことができる。

――売り手と買い手の両方と契約を結ぶ「仲介」は、M&Aの常識からかけ離れているとの指摘もあります。

創業者である私も分林（保弘会長）も金融業界出身ではないからではないか。そもそも仲介を始めたのは、前の会社にいたときに会計事務所と縁があり、地方の中小企業が事業承継できず困っていると聞いたからだ。証券会社や銀行から見捨てられている、と。ならば、われわれが相手を見つけてきてマッチングさせようというところからスタートしたのだ。

とはいえ、われわれも利益相反に関しては注意を払っており、社内では売り手と買い手をはっきり分けている。当初は私一人で仲介をやっていたが、調整できなかったから担当者を分けた。利益相反との批判は間違っている。

ＦＡのほうが恣意的

――とはいえ、中小企業はＭ＆Ａの素人。報酬を引き上げるため、価格を恣意的に決めているのではないかとの見方もあります。

価格については、過去の実績や企業の業績を入力すれば自動的に算定するシステムをつくり公平性を担保している。最近では、ＡＩ（人工知能）も導入して適正な価格をはじき出している。私に言わせれば、片方の要求だけを主張するＦＡ（ファイナンシャルアドバイザー）のほうがよほど恣意的だ。

――２００６年に上場する際、問題になりませんでしたか。

確かに上場前、証券会社から「仲介業は上場できない」と言われた。そのため役所と何度も議論を重ね、大手弁護士事務所から意見書をもらって体制を整えた。売り手と買い手の担当者を分けたのもそのときだ。課題をすべてクリアしたから上場できているのだ。

――候補のリストを見せる前に着手金を取ることについても疑問の声が上がっています。

中小企業のM&Aでは社長の考えが途中で変わり、破談になってしまうことがよくある。中小企業の社長は印鑑を押し、お金を払うことで意思が固まる。弊社の利益のためではなく、中小企業のために着手金をいただいているのだ。

仲介は中小企業のためのビジネスモデルだ。事業承継が待ったなしの状況で、われわれが果たす役割は大きいと考えている。

（聞き手・田島靖久、野中大樹）

三宅　卓（みやけ・すぐる）

1952年神戸市生まれ。日本オリベッティを経て91年、分林保弘会長とともに日本M&Aセンターを設立。2008年から現職。

【週刊東洋経済】

本書は、東洋経済新報社『週刊東洋経済』2020年9月12日号より抜粋、加筆修正のうえ制作しています。この記事が完全収録された底本をはじめ、雑誌バックナンバーは小社ホームページからもお求めいただけます。

小社では、『週刊東洋経済 eビジネス新書』シリーズをはじめ、このほかにも多数の電子書籍ラインナップをそろえております。ぜひストアにて「東洋経済」で検索してみてください。

『週刊東洋経済 eビジネス新書』シリーズ

No.328 子どもの命を守る
No.329 読解力を鍛える
No.330 決算書&ファイナンス入門
No.331 介護大全
No.332 ビジネスに効く健康法

No.333　新幹線　ｖｓ．　エアライン
No.334　日本史における天皇
No.335　ＥＣ覇権バトル
No.336　検証！　ＮＨＫの正体
No.337　強い理系大学
No.338　世界史&宗教のツボ
No.339　ＭＡＲＣＨ大解剖
No.340　病院が壊れる
No.341　就職氷河期を救え！
No.342　衝撃！　住めない街
No.343　クスリの罠・医療の闇
No.344　船・港　海の経済学
No.345　資産運用マニュアル
No.346　マンションのリアル

No.347　三菱今昔　150年目の名門財閥
No.348　民法&労働法　大改正
No.349　アクティビスト　牙むく株主
No.350　名門大学　シン・序列
No.351　電機の試練
No.352　コロナ時代の不動産
No.353　変わり始めた銀行
No.354　脱炭素　待ったなし
No.355　独習　教養をみがく
No.356　鉄道・航空の惨状
No.357　がん治療の正解

週刊東洋経済eビジネス新書　No.358
事業承継　M&A

【本誌（底本）】
編集局　田島靖久、野中大樹、藤原宏成、梅垣勇人、許斐健太
デザイン　池田　梢、藤本麻衣、小林由依
進行管理　三隅多香子
発行日　2020年9月12日

【電子版】
編集制作　塚田由紀夫、長谷川　隆
デザイン　市川和代
制作協力　丸井工文社
発行日　2021年2月22日　Ver.1

発行所　〒１０３‐８３４５
東京都中央区日本橋本石町１‐２‐１
東洋経済新報社
電話　東洋経済コールセンター
０３（６３８６）１０４０
https://toyokeizai.net/
発行人　駒橋憲一

電子書籍化に際しては、仕様上の都合などにより適宜編集を加えています。登場人物に関する情報、価格、為替レートなどは、特に記載のない限り底本編集当時のものです。一部の漢字を簡易慣用字体やかなで表記している場合があります。本書は縦書きでレイアウトしています。ご覧になる機種により表示に差が生じることがあります。

本書に掲載している記事、写真、図表、データ等は、著作権法や不正競争防止法をはじめとする各種法律で保護されています。当社の許諾を得ることなく、本誌の全部または一部を、複製、翻案、公衆送信する等の利用はできません。

もしこれらに違反した場合、たとえそれが軽微な利用であったとしても、当社の利益を不当に害する行為として損害賠償その他の法的措置を講ずることがありますのでご注意ください。本誌の利用をご希望の場合は、事前に当社（TEL：03－6386－1040もしくは当社ホームページの「転載申請入力フォーム」）までお問い合わせください。

※本刊行物は、電子書籍版に基づいてプリントオンデマンド版として作成されたものです。